# 서사를
# 바꿔라

# 서사를 바꿔라

## 하워드 진의
## 마지막 인터뷰

하워드 진·레이 수아레스 지음

김민웅 옮김

이 책을 잠시 몰두하고 읽으면 치열하고도 진지한 기세가 온몸에 스며들 것이며, 답답한 시대를 뚫어내는 하워드 진의 육성이 어느새 정신의 맥박이 될 것이며, 불멸의 목소리다. 우리는 생각보다 강하고 역사는 줄기차게 움직인다.

산처럼

* 이 책은 하워드 진과 레이 수아레스가 지난 2007년에 가졌던 인터뷰의 녹취
록을 바탕으로 한 것이다.

우리가 서로 연대하고 조직해
힘을 모아 분연히 일어나 함께 외치면,
우리는 그 어떤 정부도 억압할 수 없는 권력을 창출하게 된다.
– 하워드 진

# 하워드 진,
# 우리 안에 있는 힘에 눈뜨게 하다

하워드 진의 책은 그 어떤 저술이든지 언제나 명쾌하고 뜨겁다. 무엇보다도 그의 『미국 민중사*People's History of the United States*』를 처음 접했을 때의 충격과 놀라움은 여전히 가슴에 깊게 남아 있다.

미국의 위대한 진보적 지식인 스콧 니어링(1883~1983)이 미국의 역사에 대해 비판적으로 해부한 것을 먼저 읽고 배운 뒤, 하워드 진의 책을 만났다. 미국의 지성사에 이런 인물들이 있다는 것을 알게 한 시작이었고, 이는 미국 유학 시절인 1980년대 초였다. 우리가 광주 5·18 민주화 운동과 신군부에 의한 학살을 겪은 시기였고, 미국은 과연 무엇인가라는 질문이 제기되던 때였다.

제국의 내면을 파고드는 하워드 진의 막힘없이 정밀한 서사는 무엇에도 가두어지지 않는 탁 트인 역사이자, 불의한 시대와 서슴지 않고 격투를 벌이는 철학이며 엄중한 법의 논리이자 해방의 정치학이다. 거대한 산맥이란 이런 것이다. 그러면서 자못 친절하다. 난해한 개념이란 어디에도 없는, 민중의 언어를 쓰고 있기 때문이다. 특히 그가 1991년에 출간한 『독립선언서: 미국 이데올로기의 교차 검증*Declarations of Independence: Cross-Examining American Ideology*』(국내 번역서는 『오만한 제국』(2001))을 읽고는 경탄을 금치 못했다. 역사를 해부하는 시선의 깊이와 날카로움이 어디까지 이르러야 하는지 깨우치게 한 저서였다. 그건 일종의 법철학이자 역사에 대한 엄중한 논고였다.

하워드 진은 유대인 이민자의 아들로 뉴욕 브루클린에서 1922년에 태어나 2010년에 세상을 떴다. 역사학자이고 철학자이며 극작가인 동시에 사회주의 지식인으로 평생을 살았던 그는 조지아주 애틀랜타에 있는 흑인 여자대학 스펠먼대학교에서 역사학 교수, 보스턴대학교 정치학 교수로 학자의 길을 걸었다. 그에게 사회주의는 국가권력의 폭력을 반대하는 아나키즘, 자본주의의 야만을 거부하는 사회주의, 그러면서도 민주주의의 원칙을 중심에 놓는 민주사회주의가 혼합된 것으로 이는 그 자신 스스로 밝힌 바였다.

제2차 세계대전 참전 이후 전쟁의 폭력에 각성하고 컬럼비아대학교에서 역사학을 전공으로, 정치학을 부전공으로 학위를 받았다. 이후 인종차별을 반대하는 민권운동civil rights movement, 베트남 반전운동에 직접 뛰어들었으며 미국 노동운동사에 관해서도 많은 글을 남겼다. 『달리는 기차 위에 중립은 없다*You Can't Be Neutral on a Moving Train*』라는 제목의 자서전을 통해 공적 지식인 public intellectual으로서 한 시대를 어떻게 살아가야 하는지 소상히 밝힌 하워드 진은 노엄 촘스키와 함께 미국의 현대 진보 지식인이자 사상가로 여전히 존경받고 있다.

이런 점에서 하워드 진은 미국의 영광을 내세우는 기존의 미국 사가들과 다른 역사관을 지니고 있다. 그와 동시대인이자 미국의 외교사에 대한 수정주의 사관의 태두로 알려진 윌리엄 애플먼 윌리엄스(1921~1990)와 다를 바 없이 하워드 진은 미국 역사를 둘러싼 강고한 이데올로기적 성채를 타격하는 작업을 쉬지 않고 했다. 그건 사실 위험한 일이었으며 기존의 역사학계에서 배척받는 행동이었다. 더군다나 상아탑의 학자가 거리에서 사회운동가로 나서는 것 역시도 환영받기 어려운 일이었다. 그의 『미국 민중사』가 출간되었을 때에도 처음에는 비난의 목소리가 높았지만, 세월이 흐르면서 그의 책은 점차 무수한 대학에서 미국사 과목의 기본 교재로 채택되었다. 그의 책 한 권이 미국 사회의 자기 인식에 중대한 영향을 미친 것이었다.

이 책은 2007년에 『미국 민중사』에 담긴 핵심적인 주제들과 문제의식을 레이 수아레스라는 탁월한 방송 언론인과 인터뷰한 것을 풀어낸 대담집이다. 하워드 진의 마지막 인터뷰가 되었다. 쉽고 간결한 문체로 기록되어 있으나, 내용은 드넓고 역동적이다. 미국의 과거와 오늘을 읽게 하면서도 우리 자신의 역사와 현실을 끊임없이 돌아보게 한다. 인간의 삶이란 그 본질로 들어가

자면 어디에서나 크게 다르지 않고 정의로운 세상을 위한 투쟁 없이 진보는 없기 때문이다. 미국사에 대해 쓰고 있지만, 우리 자신의 역사를 보는 태도를 동시에 일깨운다.

미국이라는 나라를 비판적으로 이해하는 일은 이 땅에서 그리 쉽지 않다. 더군다나 제국주의 체제로 세상을 압도하는 미국의 역사적 본질을 직시하는 일 또한 의외로 자유롭지 않다. 미국은 이 나라에서 성역으로 받들린 지 오래이고 약탈과 전쟁, 기만과 탄압이라는 단어는 미국과 인연이 없는 것들로 되어 있기 때문이다. 그런데 하워드 진은 바로 이 항목들을 표적 삼아 미국의 역사를 하나하나 맹렬하게 짚고 있다. '미국이라는 이데올로기의 허상'을 여지없이 깨뜨리고 있는 것이다. 특히 이는 한국의 청년 세대에게 도전적인 충격이 될 것이다.

오늘날 우리는 일본 문제를 제대로 마주하고 해결하는 과제도 간단치 않은데 미국의 문제까지 껴안고 이 나라의 미래를 고민하고 고투해야 하는 처지에 있다. 동아시아 평화 체제를 위협하는 한·미·일 핵전쟁 동맹 체제가 공식화되고 미국에 의해 동해가 난데없이 '일본해Sea of Japan'로 규정되는 등 우리의 주권 침탈이 일어나고 있는 상황은 그야말로 보통 일이 아니다. 그런데 하워드 진의 책은 그게 우리만의 문제가 아니라 지난 세월 동안 미국의 양심이 치열하게 싸워온 것들이자 그와 직결된 사안임을 확인시켜준다. 그리고 우리가 서야 할 언덕이 어디에 있는지 일깨워준다. 그가 가진 지적 용기의 위력에 대해 절감하게 한다.

지금까지 흔히들 알고 있던 미국에 대한 서사를 넘는 진실의 장면들, 물러서지 않고 저항하고 투쟁하면서 새로운 길을 만들어온 이들의 장엄한 여정 그리고 결국 보통 사람들이 역사의 주인 되는 길에 대한 확신이 여기에 담겨 있다. 세상은 권력자들이 온통 쥐락펴락하면서 끌고 가고 있는 듯하지만, 아니다. 진실이 가진 그 자체의 힘을 믿는 이들이 끈질긴 투쟁 속에서 꾸려나가는 역사가 진정한 희망의 길이다. 긴 시간이 걸린다 해도 거기에서 역사는 자신의 진정한 경로를 찾아간다.

하워드 진은 역사를 새롭게 열어가는 민중의 힘에 대해 다음과 같이 일깨운다.

'조직화', '끈질긴 투쟁', '도덕적 열정', '헌신', 이런 것들이 세상의 강자들과는 다른 힘을 만들어내는 요소입니다.

잠시 몰두하고 읽으면 치열하고도 진지한 기세가 온몸에 스며들 것이며, 답답한 시대를 뚫어내는 하워드 진의 육성이 어느새 정신의 맥박이 될 것이다. 불멸不滅의 목소리다. 우리는 생각보다 강하고 역사는 줄기차게 움직인다.

하워드 진의 이 책이 우리 사회에도 깊은 울림을 줄 것을 확신한다.

2023년 10월을 맞이하는 어느 날
옮긴이 김민웅

| 일러두기 |

1. 이 책은 Howard Zinn with Ray Suarez의 *Truth Has a Power of Its Own: Conversations About A People's History* (The New Press, 2019) 를 번역한 것이다.
2. 외래어 인명과 지명은 국립국어원의 외래어 표기법에 따라 표기했다.
3. 본문에 독자의 이해를 돕고자 설명이 필요한 부분에는 괄호 안에 옮긴이 주 를 넣었으며, 인명의 경우 옮긴이 주 표시 없이 생몰 연도를 밝혔다.

**서사를
바꿔라**

———

차례

———

옮긴이의 글
하워드 진, 우리 안에 있는 힘에 눈뜨게 하다 • 7

대담자의 글
책을 내면서 • 15

제1장 '이제 서사를 바꿔라' • 25
**미국, 그 시작**

제2장 '민중의 봉기와 항쟁' • 103
**장기 19세기**

제3장 '민중은 스스로를 조직하기 시작했다' • 181
**20세기와 그 이후**

찾아보기 • 249

# 책을 내면서

2007년 어느 날, 내가 선임 기자로 일하고 있던 PBS 뉴스아워 NewsHour 사무실 책상 위에 있는 전화기가 울렸다. 그때 나는 마침 저녁 뉴스를 준비하고 있던 참이었다. 전화를 건 사람은 다큐멘터리 영화제작자 앨 펄머터였다. 전화 저편의 그는 내게 흥미로운 제안 하나를 해왔다. 하워드 진의 삶과 저작에 대한 다큐멘터리 제작을 생각하며 대담자를 찾고 있는데, 내가 그 작업에 관심이 있는가를 알고 싶다는 내용이었다.

하워드 진이라니! 어떻게 관심이 없을 수 있겠는가. 그는 미국사에 대한 줄다리기 같은 팽팽한 논쟁을 끊임없이 촉발한 인물이 아닌가. 역사 속에서 실제 어떤 일들이 일어났는지, 미국이라는 나라가 이 세상에서 어떤 위치에 있는지 등에 대해 하워드 진은 논쟁의 한 당사자가 되어서 지난 수십 년 동안 세간의 관심을 모으지 않았는가. 그의 저작은 새로웠고 도전적이었으며, 독자들로 하여금 기존의 생각들과 전혀 다르게 미국사를 마주하도록 만드는 힘이 있었다.

이제 하워드 진은 나이도 꽤 많고 그의 경력의 최종 단계에 진입하려는 시기인데, 내가 이 뉴욕 브루클린 출신 지식인의 뇌 속에 뭐가 들어 있는지 알 수 있는 기회를 얻게 된 것이다. 나는 우선 펄머터에게 시간을 얼마나 쓰게 될지를 물었다. 그러자 이틀 동안 하루 여섯 시간 정도 인터뷰를 하면 된다는 것이었다. 그러자 나는 그 이야기를 듣고 "뭐? 여섯 시간이나?" 했다. 매일 하는 방송으로 치자면 10분 인터뷰도 긴 셈이기 때문이었다. 책을 쓴다면야 뭔가를 놓고 한 시간 정도 이야기하는 건 할 수 있는 일이다. 또는 이야기가 딱 부러지게 귀에 쏙 들어오고 힘이 넘쳐 생각지도 않게 풍부해진다면 한 시간이나 한 시간 반 정도는 해볼 만하다. 그런데 나와 하워드 진이 그렇게 긴 이야기를 할 수 있기는 할까? 그러다가 그만 대공항 시절에나 있을 법하게시리, 돈 몇 푼 벌어보겠다고 장시간 춤추는 경기에 나섰다가 별 이득도 없는 상태와 같은 꼴이 되고 말지는 않을까? 이렇게 별생각이 다 드는 것이었다.

하지만 이런 우려나 걱정은 전혀 할 필요가 없었다.

백발이 마치 사자의 갈기털처럼 날리고 기다란 키에 몸이 마른 하워드 진은 입을 열면 청산유수였다. 뭘 이야기해도 막힘이 없었다. 뉴욕의 퀸스에 있는 어느 낡고 소박한 공장 건물에서 우리는 미국인들이 미국사를 배우는 방식 그리고 왜 그렇게 역사를 배우게 되었는지에 대해 대화를 나누었다. 또한 뭔가 아귀가 들어맞지도 않은데 그걸 마치 아무런 문제가 없는 것처럼 역사를 쓰는 일, 완벽하지도 않고 진실도 아닌 이야기를 가지고 사람들이 어떤 의미를 끌어내는지에 대해서도 서로 주고받았다.

이 인터뷰 기획에 대한 나의 여러 우려는 그와 대화를 나누는 즉시 해소되었다. 바로 크리스토퍼 콜럼버스(1450~1506)에 대한 이야기를 나누기 시작한 직후였다. 영웅이 필요한 역사에서 오랜 세월 가장 생생한 사례로 꼽히는 인물이 그였기 때문에 먼저 꺼내본 것이었다. 나의 질문은 이런 것이었다. 본래 이탈리아 출신 선원이었다가 나중에는 스페인의 식민지 총독처럼 된 콜럼버스에 대해 새롭게 역사를 쓰고, 오랫동안 영웅으로 떠받들고 있는 인물을 비판적으로 검토하는 작업이 과연 아무런 문제가 없겠느냐는 것이었다. 이런 작업에 담긴 '위험성'에 대한 물음이었다. 하워드 진의 대답은 간단했다.

"그런 걸 붙들고 역사를 쓴다는 것은 스스로 남들이 불편해하는 '골칫덩어리'가 되는 거지요."

바로 이 골칫덩어리가 되는 것이 하워드 진이 피하지 않고 맡았던 역할이었다. 1980년 『미국 민중사』가 출간된 이래 이 책이 미국 사회의 논쟁판에서 변방에 있다가 중심에 가깝게 치고 들어온 것은 중요한 사건이다. 이는 하워드 진 자신이 애초부터 견고한 입장을 지켜내고 대중들이 쉽게 알아들을 수 있는 방식으로 이야기를 해온 결과이기도 하다. 그말고도 이런 '골칫덩어리'들이 미국사의 현장에 계속 쏟아져 들어왔는데 이들은 여성, 아프리카계 미국인(흑인들에 대한 명칭은 이들을 모멸해서 부르는 니그로negro에서 니거nigger로 변했고 한동안 이를 그대로 받아들이다가, 자신들의 피부색을 정면으로 내세우는 자부심 넘치는 블랙black 그리고 이후 그들의 뿌리를 나타내는 아프리칸 아메리칸African-American(아프리카계 미국인)으로 변화해왔다. ─옮긴이), 라티노(스페인어를 쓰는 멕시코를 포함한 남아메리카계를 말한다. '스패니시'라고 부르기도 하는데 스페인어가 라틴 계열의 언어라는 점에서 생긴 단어다. ─옮긴이), 성소수자 들이다. 이러면서 계속 더 논쟁들이 펼쳐졌다. 단지 미국사와 관련된 '사실' 정도의 수준에서만이 아니라, 미국사의 '의미'에 대한 논쟁으로 발전하게 된 것이다. 그렇게 논쟁의 방향이 바뀌면서 하워드 진이 말했듯이, "미국인들은 오랫동안 자기 역사에 대해 지니고 있던 생각을 다시 돌아보게" 되었다.

『미국 민중사』가 처음 출간된 이후 수십 년 동안 하워드 진을 비판하는 이들은 그를 맹공격해댔는데, 어떤 이들은 그가 미국인들이 오랫동안 존경해왔던 영웅들을 박살내다시피 했다고 불만을 토했다. 또 그가 역사적 사실을 수정하면서 결국 남게 된 것은 수 세기에 걸친 억압, 이에 대한 투쟁 그리고 고난과 관련된 암울한 이야기들뿐이라고 비난했다. 과연 그런가? 역사가의 작업이란 우선 실제로 일어난 사실을 찾아내는 것 아니겠는가? 인간의 역사에서 공포스러운 일은 있게 마련이고, 하워드 진은 우리가 그걸 마주하도록 날카로운 눈으로 역사를 추적해간 것이다.

경제적 착취에 대한 역사 인식도 하워드 진에게 빠질 수 없는 내용이다. 19세기 이른바 '강도 귀족Robber Baron'이라고 불린 부자들, 남부연합을 위해 무기를 들었던 가난한 노동자들, 매사추세츠주의 제분 공장에서 보다 나은 임금을 받기 위해 투쟁에 나선 어린 여성들, 엄청난 토지세로 곤경에 처하게 된 농민들의 봉기 등을 그는 다루었다. 이들은 모두 하워드 진의 역사책에 등장하는 주인공이다. 오늘날 경제문제를 역사에서 중심 주제로 다루는 것은 흔한 일이 되었지만, 1980년대만 하더라도 그렇지 못했다.(그것은 곧바로 자본주의 체제의 불평등 문제를 제기하는 급진적인 논쟁이 되기 때문이었다.─옮긴이) 또한 보통 사람들의 삶과 투쟁을 역사에서 다루고자 하면 그것은 역사라고 인정받기 정말 힘든 일이었고, 공식 인정된 역사적 문서나 '명백한 운명Manifest Destiny'과 같이 미국 역사에서 누구나 인정하는 개념을 다루면서 대단한 명성을 가진 장군들 이야기나 해야 겨우 역사로 인정받을 수 있었다.

그러나 『미국 민중사』 또는 이후 출간된 『젊은이들을 위한 미국 민중사』 등의 저작을 통해, 보통 사람들, 민중의 고난과 투쟁이 다루어지면서 미국 사회에서는 새로운 관점으로 새로운 영웅들에 대한 이해가 형성되어갔다. 역사가로서 하워드 진은 사람들이 미국사에 대해 가지고 있던 낡은 개념을 뒤흔들고, 그와 동시에 보통 사람들이 기성의 권위에 도전하면서 자신들의 삶을 바꾸고 미국의 진로를 변화시키는 힘을 가지고 있음을 일깨워나갔던 것이다. 이게 그가 어떻게든 최선을 다해 하기를 원하는 일이었다.

제2차 세계대전 참전 군인 출신이자 역사가이며 작가이자 교사로서 하워드 진은 우리를 계속 붙들고 다음과 같은 이야기를 하고자 한 것이다.

"잠깐, 더 많은 이야기가 있습니다. 비어 있는 틈새를 메우고 지금까지 못 보았던 어두운 구석에 빛을 쪼이는 겁니다. 그건 이 나라의 역사를 부숴버리는 일이 아닙니다. 보다 복잡한 이야기를 하고자 함입니다. 어쩌면 보다 흥미로운 이야기를 하려는 것이지요. 말하자면, 우리는 여러분에게 진실을 말하고자 하는 것입니다."

이제 독자 여러분이 읽게 될 이 인터뷰 그리고 하워드 진의 다른 저작에서 그는 우리가 영웅이라고 여겼던 이들에 대해 보다 많은 진실을 말하게 될 것이다. 그것이 듣는 입장에서 불편할 수도 있지만 필요하다고 여기면 전혀 주저하지 않고 하게 될 것이다. 가령, 어디서나 볼 수 있는 미국사 책을 펼치면 시어도어 루스벨트(1858~1919. 미국의 26대 대통령으로서 훗날 32대 대통령이 되는 프랭클린 루스벨트의 아저씨뻘이며, 우리 역사에서는 조선에 대한 일본의 지배권을 인정한 가쓰라-태프트 밀약의 추진 당사자다.—옮긴이)에 대한 칭송이 줄줄이 담긴 걸 보게 될 텐데, 하워드 진은 그와는 다른 이야기를 한다. 그는 시어도어 루스벨트가 가진 호전성과 인종주의에 초점을 맞추기 때문이다.

반면에, 마틴 루터 킹 주니어(1929~1968)가 공적인 삶을 살던 때나 암살당한 이후, 그를 깎아내리려던 이들은 마틴 루터 킹 주니어의 개인적 약점을 꼬집어 그의 도덕적 권위를 훼손하려 들었는데 하워드 진은 다음과 같이 말했다.

"인간은 누구나 다 약점도 있고 모순도 있기 마련이다. 그러나 한 인간이 그가 살고 있는 사회에 대한 자세가 존경스럽다고 할 때 그건 인간이라고 모두가 다 가지고 있는 덕목이 아니다. 어떤 사람들은 부를 축적하고 전쟁을 일으킨다. 그러나 마틴 루터 킹과 같은 사람들은 정의를 위해 투쟁하고 전쟁을 반대하고 나섰다. 바로 이런 차이가 인간을 평가할 때 결정적인 지점이 된다."

21세기의 미국에서는 지난 역사만이 아니라 이 나라가 어떤 역할을 해야 하는가에 대해 의견이 격렬하게 갈리고 있는 중이다.(미국의 패권적 위상이 전에 비해 약해진 상황, 다극적 패권 구도로 이행하는 과정에서 미국 우선주의의 강경한 군사 노선을 취할 것인지 아니면 다자 협력 체제로 지구 공동체의 미래를 준비할 것인지에 대한 논쟁이 정치적으로 서로 충돌하고 있는 현실을 말한다. —옮긴이) 이런 상황에서, 하워드 진은 과거를 제대로 성찰하는 것과 함께, 미국도 전 세계 국가들 가운데 하나라는 관점에서 그 미래와 미국인 자신을 새롭게 사유해야 한다고 강조한다.

그는 우리의 과거를 진실되게 돌아보면 지금 우리가 어떤 존재인가를 정직하게 바라볼 수 있다고 말한다. 언론인으로 살아온 나는 미국의 이곳저곳과 세계 도처를 돌아다녔다. 그런 까닭에 우리가 살고 있는 세계가 보다 완벽해져야 할 필요가 있다는 걸 절실하게 느꼈다. 냉전 시대에 유년기를 보낸 나로서는 미국의 역사에 대한 이상적 이미지에 대해 교육받아오기도 했다. 미국은 언제나 선이고 최고라는 식이었다. 성인이 되어 하워드 진의 『미국 민중사』를 보면서도 나는 여전히 미국은 뭔가 예외적인 존재라는 신념을 버리기 쉽지 않았다. 그런데 하워드 진은 이렇게 내게 말했다.

"이제 우리는 미국을 다른 어떤 나라보다 우월한 존재가 아니라, 이들과 동등한 국가, 이들 가운데 하나에 불과한 나라라는 생각을 시작해야만 한다. 이렇게 한다고 미국인들에게 변화에 따른 엄청난 심리적 압박을 가져다주는 것만은 아니다. 그로써 우리 자신의 자존감을 손상시키지 않고도 우리가 누구인지 정직하게 인식하게 하고 우리의 한계가 무엇인지도 알게 해준다."

나는 하워드 진과 인터뷰를 하면서, 그를 비난하는 이들이 말하는 것처럼 그가 현실을 잘 모르는 채 어떤 극단적인 낙천주의를 주창하는 것 같은 걸 느끼지 않았다. 그가 태어난 '광란의 20년대'에서 인터넷의 시대에 이르기까지 하워드 진이 가지고 있는 시대에 대한 전망은 어떤 것인가? 그것은 무슨 예언자처럼 미래를 미리 내다보려는 식이라기보다는 시대적 일깨움의 의미를 가지고 있다. 무수한 미국의 정치학자, 역사가, 경제학자 들은 제2차 세계대전의 참담한 살육과 파괴의 결과로 우연히 만들어진 최강국이라는 역사적 위치를 미국의 진정한 모습처럼 내세우는 데 열중해왔다. 만일 1945년 이후 출생한 미국인들이라면 다른 곳에서는 전혀 통하지 않을 미국의 위상에 대한 우월감이 골수에 박혀 있을 것이다. 하지만 오늘날 중국, 인도, 브라질, 멕시코, 인도네시아를 보면 이런 나라들이 세계 최대의 경제적 자산을 누려가고 있는 판국에 미국은 최고라는 생각이 과연 먹히겠는가?

하워드 진은 보다 겸손하고 협력적인 21세기의 미국이 되라고 권고하고 있다. 그러나 이런 권고에 대해 우호적으로 대하려는 미국인들이 얼마나 될는지는 모르겠다. 점점 더 그 출신이 다양해지고 있는 3억 3천만 명의 인구가 살고 있는 나라 미국을 일반화하는 것은 이제 매우 어려워지고 있다. 미국의 역사와 정체성에 대한 생각이 서로 너무 달라져가고 있기 때문이다. 그러니 다음과 같은 문장의 빈칸을 무얼로 메워볼 수 있겠는가?

미국은 (   )이다. 미국은 (   )을 원한다. 미국은 (   )을 생각한다.

누구나 동의할 만한 답을 딱 부러지게 제대로 하기 어려울 것이다. 더군다나 트럼프 시대가 된 미국에서 이에 대해 답을 하는 것은 서로 간에 불편해지기도 했고 대화를 통해 답을 함께 맞혀보면 그 답의 격차로 충격을 받을지도 모른다.

1587년, 아메리카 대륙에서 처음 태어난 영국 아이 버지니아 데어는 유럽 출신의 인구가 정식 등록된 첫 사례로 역사는 기록하고 있다. 오늘날 미국 인구조사 보고서에 따르면 오는 2040년이 되면 유럽 출신 백인보다는 이들과는 피부 색깔이 다른 아이들의 출생이 인구 비율을 완전히 바꿀 것이라고 예측하고 있다. 이 책을 손에 들고 있는 독자들로서는, 이제 앞으로는 아시아, 아프리카, 라틴아메리카 출신을 조상으로 가지고 있는 미국인이 유럽 출신 백인을 수로 압도하는 세상과 마주하게 될 것이다.

하워드 진은 바로 그 새로운 시대, 다음 세대의 미국과 세계를 우리에게 준비해주고 있다. 이제 당신도 그럴 준비가 과연 되어 있는가?

레이 수아레스

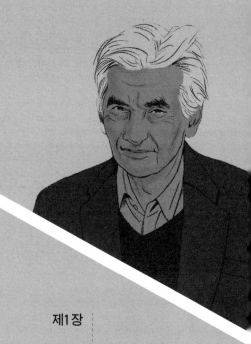

# 제1장

# '이제,
# 서사를 바꿔라'

## 미국, 그 시작

선생님은 초등학교 때부터 그리고 고등학교에서도 가르치는 콜럼버스 이야기, 그래서 누구나 알고 있는 전통적인 서사와 이해에는, 그가 상륙한 카리브해 섬에 살고 있던 원주민 학살 이야기가 담겨져 있지 않다고 강조하시지 않습니까? 그건 무얼 말해주고 있는 건가요? (아메리카 대륙의 원주민을 흔히 인디언Indian이라고 부르기도 하는데 이는 콜럼버스 이후 잘못된 명칭이다. 콜럼버스는 자신이 목표로 삼은 인도에 상륙했다고 여겼기에 이곳 원주민들을 인디언이라고 부르기 시작했던 것이다. 인디언은 인도 사람이라는 의미이기에 현재 인도 사람들의 입장에서도 얼토당토않은 호명이다.—옮긴이)

_____ 콜럼버스 이야기가 제대로 되어 있지 않다는 것은 사실 여러 가지 이유가 있습니다. 그의 이야기가 왜곡되어 전해지고 있는 가장 큰 이유는 아마도 뭔가 우리를 곤란하게 할 만한 이야기를 피하려는, 안전에 대한 욕구에서 비롯되지 않았나 합니다. 콜럼버스 동상은 미국의 도시 도처에 세워져 있고 도시나 대학도 그의 이름을 따서 붙이기도 합니다. 제가 나온 콜럼비아대학교도 그런 경우인데 이런 식으로 예를 들자면 한도 없습니다. 콜럼버스는 미국인들에게 위대한 영웅이 되어 있습니다. 바로 이런 서사의 중심을 다른 각도로 치고 들어가는 것은 사람들에게 뭔가 불편을 끼치고 골칫덩어리가 되는 일이 됩니다.

제가 쓴 『미국 민중사』 첫 장은 바로 콜럼버스를 다루고 있습니다. 이 책이 출간되자 미국 전역으로부터 독자들의 편지를 받았는데 대부분이 이 콜럼버스를 다룬 첫 장에 대해 말하더군요. 저는 처음에, "아, 독자들이 이 책의 첫 장만 읽은 건 아닐까?"

**「아메리카의 발견」** 「아메리카의 발견(The Discovery of America)」은 대형 대리석 조각품들로, 1844년부터 1958년까지 미국 워싱턴 D.C.에 있는 국회의사당 건물의 동쪽 정면에 서 있었다. 오른쪽에 크리스토퍼 콜럼버스가 지구본을 높이 들고 있으며 그 옆에 움츠러든 원주민 여성이 이를 쳐다보고 있다. 콜럼버스 동상은 미국의 도시 도처에 세워져 있으나, 콜럼버스 동상을 철거하고 콜럼버스 기념일을 '원주민의 날'로 바꾸자는 운동이 있다.

했습니다. 그러다가 "아니지, 이 이야기가 독자들에게 가장 충격적이었던 거겠지", 했습니다. 왜냐하면 이 첫 장이야말로 미국인들이 지니고 있는 콜럼버스 신화를 곧바로 치고 들어갔기 때문이었습니다. 콜럼버스는 미국, 애국주의, 서구 문명을 대표한다고 여겨온 미국인들의 오랜 자존심을 건드린 셈이니까요.

서구 문명의 영광을 드러내는 신화는 건드리면 안 되는 대상이 되어왔습니다. 더군다나 서구 문명이란 서구가 세계 전역에 가져다준 멋진 것들로 이루어진 영광 자체이니 말이지요. 그러니 서구 문명의 전통에서 영웅으로 떠받들리는 존재를 깎아내리거나 괜스레 그와 관련된 역사적 상황을 복잡하게 따져들면 안 되는 걸로 되어 있지요.

1892년, 콜럼버스 400주년 기념제가 열렸습니다. 촌시 드퓨(1834~1928. 뉴욕센트럴철도회사 회장을 지내고 상원의원이었으며 거부 밴터빌트의 변호인으로 명성을 떨치기도 했다.—옮긴이)라는 대자본가가 카네기홀에서 콜럼버스를 기리는 연설을 하면서 이는 야만과 대조되는 문명을 기념하는 것이자 결국 애국심과 이어지는 사건이라고 말했습니다. 촌시 드퓨는 시어도어 루스벨트의 열렬한 지지자였습니다.

그런데 시어도어 루스벨트로 말하자면 당대의 콜럼버스라고 할 수 있었지요. 누가 그런 식의 비유를 만들었는지는 모르지만, 일단 지금 이걸 그대로 적용해서 말해보자면 시어도어 루스벨트는 서구 문명의 영광을 세계에 퍼뜨리기 위한 일에 확신을 가졌던 팽창주의자였습니다. 그는 우선 쿠바와 필리핀을 그 대상으로 삼았습니다.

그런데 바로 이 역사적 과정에 얽힌 이야기로 파고드는 순간, 이 나라의 권력을 쥐고 있는 이들에게는 성역으로 여겨온 신화를 건드리는 격이 되고 맙니다. 정부를 책임지고 있는 사람들을 보면 이들은 대체로 시어도어 루스벨트와 같이, 자기들이 볼 때에는 문명과는 동떨어진 지역에 서구 문명을 확산하려는 생각을 가지고 있습니다. 그게 이들에게는 당연하고 정당한 것입니다.(이는 제국주의 문명관으로서 이른바 '백인의 짐'이라고 번역되는 백인들이 져야 할 우월한 인종으로서의 짐White man' burden이라는 개념이 되는데 이후 이 개념은 백인의 짐이 아니라 백인이 곧 짐White man is

**백인의 짐** '백인의 짐'은 영국 작가 러디어드 키플링이 1899년 2월에 신문 『콜(*the Call*)』에 발표한 시였으며, 제국주의를 합리화하는 개념이었다. 백인 자신을 위해서가 아니라 야만 상태에 있는 지역을 문명화하기 위해 스스로 지고 가는 짐이라는 주장이다. 그러나 이 논리는 '백인의 짐'이 아니라 '백인이 짐(white man is burden)'이라는 논리로 비판받게 되었다.

burden이라는 말로 뒤집어 맞받아치는 말이 되었다. ─옮긴이)

하지만 과거에 대한 비판적인 작업이 꼭 이분법적인 방식이 되어야 하나요? 말하자면, 영웅으로 되어 있는 인물을 선생님께서 말씀하신 역사의 맥락에 세워 굳이 그렇게 악당으로 만들어버릴 수밖에 없는 것인지요? 그런 식으로말고도 콜럼버스 같은 경우 그를 그가 살았던 시대의 맥락에 놓고 그가 진실로 어떤 사람인지 파악해가면서 접근하는 방식도 있지 않은가 해서 말입니다. 그런 식으로 서구와 신대륙의 만남에서 가능할 수도 있는 매우 인간적인 출발점을 이해하는 방법은 없는 건가요?

_____ 좀 더 복잡한 상황까지 고려해서 이야기하는 것이 중요하다는 점은 저도 동의합니다. 하지만 뭐 그리 복잡할 것도 없습니다. 우리는 아돌프 히틀러(1889~1945)에 대해 복잡하게 따져들어서 이야기를 하지는 않습니다. 그 대상을 자세히 들여다보면 그도 분명 인간인데 인간으로서의 역할을 결코 하지 않은 인물들이 이 세상에 존재합니다. 그런 사실을 말하고자 하는 겁니다.

그러니까 콜럼버스는 악당이다, 그런 이야기입니까? 아니면 그렇게만 보기에는 뭔가 빠진 대목도 있으니 그걸 채워가면 그 시대의 맥락 속에서 그를 이해할 수 있는 방법이 있기라도 하다는 건가요?

_____ 콜럼버스로 따지자면, 그가 용감한 사람이고 뛰어난 항해 능력을 가진 인물이자 대양을 건넌 특별한 성취를 이루었다는 것을 무시하자는 것은 아닙니다. 그건 콜럼버스의 어느 한 일면입니다.

그러나 그에게는 다른 면모가 있었습니다. 그는 기독교를 전파하려 했거나 원주민들을 돌보려 했던 것이 아닙니다. 그는 원주민들을 이용해서 금을 찾게 하고 이익이 될 만한 것들을 유럽으로 가져가려 했습니다. 그걸 위해서 그는 원주민들을 납치하고 팔과 다리를 잘라버리거나 죽이기도 했고 노예로 삼기도 했습니다. 물론 콜럼버스의 인간적인 면모를 조명할 수도 있을 겁니다. 어떤 한 인간에 대해 말할 때 그가 행한 긍정적인 측면 또는 그의 훌륭한 인품 등에 대해 거론할 수도 있겠지만, 결국 그가 잔혹한 일을 저질렀다면 그걸 놓고 그 사람을 판단하게 되겠지요. 그건 양쪽 측면을 동일하게 평가할 수 없다는 것을 뜻합니다. "한편으로는 이렇지만, 다른 한편으로는 또 달리", 이런 식으로 쉽게 말하지는 않습니다. 역사에 대한 윤리적 판단력이 있다면 선과 악을 똑같이 취급하면서 그 차이가 없는 것처럼 할 수는 없는 노릇입니다.

만약 역사를 그저 실용적으로 들춰 보는 전화번호부 정도로 여기고 있지 않거나, 역사에는 도덕적 판단이 작동해야 한다고 믿는다면 이런 사안에 대한 판단에 결정을 내려야 합니다. 시어도어 루스벨트에 대해 이런저런 면모를 갖다 대면서 복잡하게 말할 수도 있습니다. "그에게는 뛰어난 점들도 있었다. 특히 자연환경 보호주의자 아니었는가?"라고 주장할 수도 있겠지요. 그가 자신의 심각한 신체적 결점을 극복했다거나 대통령으로서 개혁 조치를 나름 취했다고 말할 수도 있습니다.(그는 오랫동안 천식을 앓았고 어린 시절 그걸로 해서 죽을 위기까지 가기도 했었다. ─옮긴이)

그러나 다른 한편으로는 전쟁광 루스벨트가 엄연히 있습니다. 제국주의자 루스벨트 또한 존재합니다. 인종차별주의자 루스벨트도 있고, 필리핀 민중에 대한 학살 명령을 내린 루스벨트 역시도 보아야 합니다.

시어도어 루스벨트에 대해 여러 가지 좋은 점들을 말할 수 있긴 하겠지만 만일 인간적 차원의 관심을 가지고 있다면 결국 그

**시어도어 루스벨트** 시어도어 루스벨트는 미국의 해외 팽창주의를 추구하여 제국주의 체제를 구성하는 데 매우 결정적인 역할을 했다. 커다란 몽둥이를 든 모습에서 상징이 되듯 그는 '함포 외교(Gunboat diplomacy)'를 추구하여 20세기 초반 미국 침략 정책의 기조를 세웠다. 일본에 의한 조선의 식민지화 과정에서 가쓰라-태프트 밀약도 그의 작품이었다.

걸 기준으로 루스벨트를 어떻게 정리해야 할 것인지 결정해야 합니다. 달리 말해서, 지금껏 비어 있는 지점을 채워 그림을 완성해야 합니다. 그럴 때 우리는 진실해질 수 있습니다. 배제되어 버린 조각들을 그대로 두면 안 됩니다. 이건 정말 너무나도 너무나도 중요합니다.

자, 그렇다면 『미국 민중사』에 쓰어진 대로 역사적 사실을 대한다고 쳐보지요. 그러면 콜럼버스나 루스벨트같이 무수한 인물들에 대해 우리는 이제 어떻게 해야 하는 거지요? 가령, 오하이오주에 있는 지명 콜럼버스를 바꿔야 하나요? 콜럼버스 광장에 있는 콜럼버스 동상을 끌어내려야 하나요? 콜럼버스 기념일을 기념일에서 제외시켜야 할까요?

_____ 음. 사실 여러 주에서 콜럼버스 기념일 철회 운동이 일어나고 있습니다. 다코다주 사람들은 콜럼버스 기념일을 '원주민의 날'로 바꾸자고 합니다. 콜로라도주의 한 시위행진에서 사람들이 콜럼버스 기념일을 다른 걸로 바꾸자는 요구를 하는 것도 보았습니다. 그런데 현재 세워진 콜럼버스 동상을 끌어내리는 것은 매우 어려운 일일 것입니다. 사실 중요한 것은 그런 동상과 같은 것들이 아닙니다. 진실을 말하는 것이 중요합니다. 저는 젊은이들을 데리고 콜럼버스 동상 앞에 함께 가기도 하는데 그걸 끌어내리려고 가는 건 아니었습니다. 그 앞에서 저는 이렇게 말합니다. "자, 이제 여기에서 여러분에게 콜럼버스에 대한 진실을 말하고자 합니다."

그렇다면 오랜 세월 동안 이미 영웅으로 추앙받고 있는 인물들에 대해 중시하지 말자는 건가요?

_____ 저는 기존의 역사에 등장하는 군사적으로 영웅시되는 인물들, 대통령, 대법원 판사, 국회의원 들을 중요시 여기는 걸 바꿔야 한다고 봅니다. 그건 위에서 아래로 내려다보는 방식의 역사관입니다. 권력의 상층부에 있는 인물들에 대한 역사만을 역사로 인식하는 태도입니다. 오늘날 언론의 현실에서도 이런 일들이 벌어지고 있지 않습니까? TV에 등장하는 인물들을

**로자 파크스** 백인에게 좌석을 양보하지 않는다고 체포되었던 로자 파크스는 흑인에 대한 인종차별 저항운동의 상징이 되었다. 이를 계기로 인종차별 버스 안 타기 운동이 벌어졌다.

좀 보세요. 죄다 무슨 대통령에, 국방부 장관에 정치인들 아닌가요? 기자회견에 등장하는 인물들도 다 그렇지 않습니까?

저는 민중들의 역사를 말하고자 하는 겁니다. 어찌 보면 기존의 언론과 역사가 중시하는 대통령이나 영웅들에 의해 미국 내에서나 밖에서 희생되는 이들의 역사를 말하고 싶은 것입니다. 저는 이런 사람들을 역사에 등장시켜 새로운 역사를 구성하려는 것이자, 새로운 의미의 영웅들을 내세우려는 것입니다. 또는 이른바 영웅주의라는 것도 다른 관점과 각도에서 말하고자 하는 겁니다. 그렇게 보면 인종차별에 맞선 로자 파크스(1913~2005. 1955년 앨라배마주 몽고메리에서 흑인 여성 로자 파크스는 버스를 타고 가던 중 운전기사가 자신이 앉아 있던 자리에서 일어나 백인 승객에게 자리를 양보하라는 것을 거부했다가 경찰에 체포되었다. 이후 382일 동안 몽고메리 버스 보이콧이 이어졌다. 흑백으로 분리된 인종차별적인 버스 타지 않기 운동이었다. 이는 인종 분리에 저항하는 규모로 번졌으며 흑인의 인권과 권익을 개선하는 미국 인권 운동의 시초가 되었다.─옮긴이)가 바로 영웅이지요. 1960년대 인종차별이 극심했던 미시시피주에 가서 흑인을 조직했던 젊은이 밥 모지스(1935~2021. 뉴욕 할렘 출신으로 하버드대학교를 나왔으며 1960년부터 흑인들의 투표권 권유를 비롯한 민권운동에 주도적인 역할을 했다.─옮긴이)가 바로 영웅입니다. 패니 루 해머(1917~1977. 1962년부터 흑인들의 투표권 운동, 여성운동에 본격적으로 나섰고 이 과정에서 경찰에게 심한 폭행을 당하기도 했다. 후반기에는 인종 구별 없이 여성들의 투표 독려 운동을 펼쳤다.─옮긴이)는 또 어떻습니까? 대부분의 미국인들이 잘 알지 못하지만 그녀는 미시시피 출신 소작인으로 민권 투쟁의 지도자였습니다. 이런 여성이 영웅입니다.

헬렌 켈러(1880~1968) 역시도 이미 영웅의 반열에 오른 인물이지만 사실 헬렌 켈러의 진면목은 주목되지 않고 있습니다. 그건 의도적으로 배제된 면모입니다. 아이들은 책에서 헬렌 켈러가 자신의 심대한 신체적 고통을 딛고 유명 인사가 되고 작가가 되고 연설가가 되었다는 것을 배웁니다. 헬렌 켈러가 처음에는 말도 제대로 못했다는 것도 아울러 알게 되지요. 그러나 이 이야기에서 빠진 것이 있는데 그녀가 반전운동가라는 사실입니다. 헬렌 켈러는 제1차 세계대전에 반대했고 노동의 권리에 대해 목소리를 높였습니다. 헬렌 켈러는 이런 과정에서 사회주의자가 되었습니다. 어떤 정도까지였는가 하면, 자신에 대한 연극을 공연하는 극장 앞에서 반전 시위 운동을 하기도 했습니다. 저는 잘못된 이유 또는 적절하지 않은 이유를 근거로 누군가를 영웅으로 만드는 것에 불편함을 느낍니다. 마크 트웨인의 예를 들어볼까요? 그는 미국 문학의 영웅이자, 미국 문학사나 역사를 공부하는 사람들에게는 위대한 작가입니다. 그러나 마크 트웨인이 19세기에서 20세기 초반 아메리카반反제국주의연맹American Anti-Imperialist League(1898년 미국과 스페인 사이에 전쟁이 일어나자 미국이 필리핀을 점령하는 것을 반대한 인사들이 조직한 정치단체인데, 제1차 세계대전에 미국의 참전을 반대하지 않게 되면서 1920년에 해체된다.—옮긴이)의 지도자였다는 것을 가르쳐주는 교과서나 책이 있긴 하나요? 그가 시어도어 루스벨트의 필리핀 점령에 대해 공개적으로 반기를 들었다는 것도 사람들은 알지 못하고 있습니다. 그렇게 되어버린 것입니다.

네, 영웅 좋지요. 그러나 좀 다른 각도로 영웅을 이해하고 생각해야 합니다. 기존의 영웅에 대한 생각과 태도라는 것은 다른 사람들을 착취하거나 침략하거나 약탈하는 자들이 영웅으로 되어 있지 않습니까? 이제 우리는 진짜 영웅이란 정의와 평등을 위해 권력과 정부에 맞서서 의연하게 투쟁하는 사람들이라고 생각해야 합니다.

만일 우리가 이렇게 다소 미묘한 미국 역사를 그림으로 그려본다고 할 때, 여기에 사회운동가 도러시 데이(1897~1980. 급진적인 언론인이자 노동운동가 여성으로 미국에서는 종교적으로 소수 세력이었던 가톨릭의 노동자 운동에 참여했으며 베트남 전쟁 당시에는 치열한 반전운동을 펼쳤다.—옮긴이)를 추가하고 그녀의 초상화를 헨리 포드(1863~1947. 포드 자동차 회사의 설립자로 굴지의 재력가가 되었으며, 특히 포드식 대량 생산방식을 고안해 생산의 효율성을 높였다는 평가를 받는다. 그가 고안한 방식은 노동자들이 한 자리에서 최소한의 움직임으로 대량 생산의 부품이 되게 했다는 점에서 노동자들의 에너지 부담을 최소화했다는 논리를 내세우지만, 사실은 노동자들을 기계 부속품처럼 만들었다는 비판을 받았다.—옮긴이)의 초상화 바로 옆에 놓아둔다면, 그때 비로소 균형 잡힌 괜찮은 역사를 서술하고 있다고 할 수 있는 건가요? 여기서 '괜찮은 역사' 또는 '쓸만한 역사'라고 하는 것은 역사 이론가들이 주장하는 개념이기는 한데 가령 이런 거지요. 프랑스인들은 자신들이 프랑스인이라고 하는 것을 역사 교과서를 통해 배우고 알게 된단 말입니다. 그건 마치 미국인들이 자신의 역사에 대해 믿고 있는 것에 따라 자기가 미국인이라는 의식을 갖게 되는 것처럼 말이지요. 역사가 어떤 국민에게 통합된 정체성을 부여하는 데 의미가 있게 될 때 그건 역사가 제대로 쓰이고 있다. 그렇게 말할 수 있는가 하는 겁니다.

_____ 미국인들이 미국 역사를 통해 자신이 미국인이라는 의식을 갖게 되기는 하지요. 일종의 통합된 국민적 정체성이라고 할 수 있습니다. 그러나 제가 말하고자 하는 역사는 좀 다른 각도에서 접근하는 다른 종류의 역사입니다. 그건 그 역사를 공부하는 사람들에게 매우 중요한 무언가를 말하게 됩니다. 그건 뭐냐 하면, 훌륭한 인간이 되려면 이래야 해, 하는 모델을 제시하게 된다는 겁니다. 여기서 제가 말하고자 하는 역사 속의 사람이

란 어떤 모범을 보여주고자 하는 존재인 것이지요. 그런 사람은 인종주의적 차별과 전쟁에 맞서고 여성의 권리를 위해 싸우기도 하는 사람이지요. 또는 이런 사람은 도러시 데이처럼 간소한 삶을 살고 비폭력의 가치를 믿는 사람이기도 합니다. 그런 사람들의 이야기가 바로 역사입니다. 사람들이 흔히 생각하는 역사와 좀 다른 역사라고 할 수 있습니다.

그런 역사는 그 역사를 듣고 읽고 흡수하는 사람들을 보다 인간적이 되게 하고 보다 실천하는 사람으로 만듭니다. 영웅이라는 존재를 중요한 정책 결정권자라고만 받아들인다면, 시민으로서 해야 하는 일은 2년 또는 4년마다 투표소에 가서 투표를 하고 그렇게 해서 또 다른 구세주를 뽑는 일로 그치게 될 것입니다. 사람들이 영웅이라고 여기는 인물을 선출하는 것이지요. 그러나 제가 방금 말했던 것처럼 도러시 데이와 같은 사람을 영웅이라고 여기게 된다면 그저 단지 투표만 하는 것으로 머물지 않고 그런 영웅을 본떠서 자신도 스스로 사회정의를 위한 운동에 적극 참여하게 될 것입니다. 그건 단지 몇 년마다 한번 투표하는 것과 다릅니다. 매일매일이 어떤 사회운동의 부분이 되어 자신이 살고 있는 곳 그리고 세상을 보다 낫게 하는 일이 되는 것을 뜻합니다.

∎

이런 식의 다른 역사 교육에서 등장하게 되는 이름 가운데 하나가 바로 올라우다 에퀴아노(c. 1745~1797. 아프리카 나이지리아 출신의 흑인 노예로 퀘이커 교도 로버트 킹에게 팔리면서 그로부터 여러 교육을 받고 결국은 그가 대가를 지불해주어 자유인이 된다. 나중에는 영국 런던에 본거지를 두고 노예제도 철폐 운동에 나선다.—옮긴이)라고 할 수 있을 것입니다. 그런데 이 이름을 많은 미국인들은 들어본 바가 없습니다. 21세기 미국에 살고 있는 우리가 그에 대해 알 필요가 있긴 할까요?

_____ 올라우다 에퀴아노의 주장은 경청되어야 합니다. 그는 우리에게서 분리되어버린 어떤 중요한 사람들이 우리의 시선이 닿지 않는 그 어딘가에 매우 많이 존재하고 있다고 주장했습니다. 여기서 그 어딘가는 노예선도 포함됩니다. 우리는 16세기, 또는 17세기에 라틴아메리카 그리고 미국에 노예를 싣고 온 노예선에서 어떤 일들이 벌어졌는지 1차 자료를 제대로 갖고 있지 못합니다. 그런데 올라우다 에퀴아노는 이 나라에 오게 된 흑인들의 역사를 대단히 예리하고 당황스러울 정도의 방식으로 이해하게 만들어줍니다. 사실 백인들은 이 역사를 통해 **반드시 당혹스러워져야** 하는 게 맞습니다. 그렇지 않으면 우리는 지금 우리가 알고 있는 것에 만족하고 거기에서 그치고 말 것입니다. 그건 이렇게 말하는 것과 다르지 않습니다. "보라고. 흑인들도 그동안 많은 진보적 변화를 겪게 되었잖는가. 이제는 다 괜찮아진 거니 더는 인종 문제를 가지고 왈가왈부할 게 아니라고." 그러나 우리가 진정 흑인들이 겪은 역사를 알게 된다면 이 나라에 얼마나 오랫동안 잔혹한 일들이 벌어졌는지를 알게 됩니다. 이 역사는 지

금까지도 흑인들과 함께 존재하는 역사이며 이들의 삶에 여전히 영향을 끼치고 있습니다.

올라우다 에퀴아노는 자신이 마치 물건처럼 사슬에 묶여 아프리카에서 여기까지 오게 된 과정을 회고록으로 남겼습니다. 그 기록은 18세기에 그걸 읽은 대중들에게 센세이션을 불러일으키기는 했지만 대서양을 가로지르는 노예무역을 종식시키자는 주장으로까지는 가지 못했습니다. 그 기록이 미국의 소수 엘리트만이 아니라 보통의 미국인들이 가진 양심을 제대로 찌르지 못한 것 아니겠습니까? 회고록에 책임이 있다는 이야기는 아닙니다. 현실이 그렇게 되어버렸다는 뜻입니다. 그렇게 되고 만 사실에서 우리가 얻는 교훈이 있을까요?

_____ 그렇게 되고 만 것이 사실입니다. 그런 일들은 사회개혁의 과정에 종종 일어나듯이 뭔가 변화가 없거나 또는 그 속도가 느린 걸 보여주는 것이기도 하지요. 노예제도를 철폐하자는 운동은 무척 오래 시간이 걸렸습니다. 그건 속도가 느린 각성이라고 할 수 있습니다. 대부분의 사람들은 이런 변화의 요구에 귀를 닫아버립니다. 그래서 처음에는 소수의 사람들이 먼저 노예철폐론자가 됩니다. 노예제도는 미국 남부에만 있었던 것이 아닙니다. 북부에도 있었습니다. 미국독립전쟁의 시기로 보자면 미국 전역에 노예제도가 존재하고 있었던 것입니다. 그에 비해 노예철폐론자의 수는 매우 적었습니다.

1820년대에서 1830년대를 거치면서 노예철폐론자들의 수가

**프레더릭 더글러스의 자서전** 흑인 노예 출신인 프레더릭 더글러스는 연설과 글로 미국 백인들에게도 감동을 주어 노예 제도와 인종차별 종식에 크게 기여했는데 그의 자서전도 미국 사회에 중대한 영향을 미쳤다.

늘어나게 됩니다. 1830년에서 1860년에 이르면 그 숫자는 천문학적이 됩니다. 바로 그때가, 노예였던 프레더릭 더글러스(1817/1818~1895. 흑인 노예 출신으로 뛰어난 사회운동가였다. 그가 쓴 자서전 『미국 노예, 프레더릭 더글러스의 삶에 관한 이야기』*Narrative of the Life of Frederick Douglass, an American Slave*는 베스트셀러였고, 그의 연설은 탁월했으며, 에이브러햄 링컨 대통령과도 관계를 맺는 수준의 활동을 벌여나갔다. ─옮긴이)와 해리엇 터브먼(1822~1913. 노예 출신으로 노예 탈출을 돕는 비공식 네트워크였던 '언더그라운드 레일로드' 운동에 뛰어들었고, 여성 참정권 운동도 했으며, 북군을 위한 첩보 활동도 했다. 흑인 해방 운동사에 용기와 자유의 상징적 인물이다. ─옮긴이)이 웬들 필립스(1811~1884. 노예 철폐 운동을 벌인 백인으로 부부가 함께 운동을 했으며 세계 노예 철폐 운동을 위해 미국과 유럽 전역을 돌아다닌 활동가였다. ─옮긴이)와 윌리엄 로이드 개리슨(1805~1879. 노예 철폐 운동을 벌인 백인 언론인으로서 신문 『리버레이터*Liberator*』를 발간했으며, 국가는 전쟁과 제국주의에 몰두할 뿐이라며 무정부주의를 주창했다. 그는 '전미노예반대협회American Anti-Slavery Society'를 조직했다. ─옮긴이)과 같은 백인 노예철폐론자들과 함께 노예 철폐 운동의 지도자가 되는 시기였습니다. 1830년대에는 상당히 적은 사람들이지만 이들이 노예제도의 문제에 대해 미국 전역에 관심을 갖도록 운동을 시작했습니다. 이들 선도적인 운동가는 1960년대에 마틴 루터 킹과 학생비폭력조정위원회가 했던 것처럼 시민 불복종 운동을 펼쳤던 셈입니다. 그래서 이들은 행진했고 시위를 했으며 공공기관을 기습하기도 했고 법을 어겼습니다. 이들 노예 철폐 운동가는 또한 탈출 노예들을 구출하기 위해서 법원, 감옥에 쳐들어가는 직접행동을 펼쳤습니다. 뭘 그렇게까지 하나 싶을 텐데, 그렇게까지 할 만한 이유가 있었습니다. 1850년에 도망노예법이 통과되었는데 그에 따라 북부로 도망갔다가 붙잡혀 다시 남부로 보내지는 노예들이 재판을 받거나 감옥에 갇혀 있었기 때문이었습니다.

그래서 1850년대에는 이런 노예 철폐 운동가들이 미국 도처, 그러니까 보스턴, 펜실베이니아주, 오하이오주의 안티오크, 뉴욕주 북부 지역 등에서 과감한 활동을 벌였습니다. 때로 실패하기도 하고 그 결과 탈주 노예들이 군대에 의해 다시 남부 지역으로 끌려가기도 했습니다. 그러나 노예 철폐 운동을 했던 이들이 계속 위법적인 일을 벌이자 미국 사회는 이 문제에 대해 관심을

**『아프리카 출신 올라우다 에퀴아노의 흥미로운 삶, 그 이야기』의 한 장면** 올라우다 에퀴아노는 아프리카 나이지리아 출신의 흑인 노예로 퀘이커 교도 로버트 킹에게 팔리면서 그에게서 여러 교육을 받고 결국은 그가 대가를 지불해주어 자유인이 된다. 나중에는 영국 런던에 본거지를 두고 노예제도 철폐 운동에 나서는데, 그가 쓴 『아프리카 출신 올라우다 에퀴아노의 흥미로운 삶, 그 이야기』는 흑인 노예 해방 서사에 관한 최초의 책으로 당시 세계적인 베스트셀러였다.

가지지 않을 수가 없게 되었습니다. 법을 위반하는 사람들이 늘어나는 것만큼 사람들의 관심이 생겨날 만한 상황은 없기 때문입니다.

그런 까닭에 사회개혁 운동가들에게 시민 불복종 운동 이상으로 강력한 무기는 없었던 것입니다. 흥미로운 사실은, 노예 탈주를 도운 사람들이 체포되고 재판을 받게 되면 백인으로 구성된 배심원들이 적지 않게 무죄를 결정해버렸다는 겁니다. 이건 결국 노예 철폐가 보통의 대중들에게 보편적인 정서가 되어가고 있었다는 것을 의미합니다. 이렇게 에퀴아노로부터 19세기 노예

철폐 운동가에 이르기까지 오랜 시간이 걸려서 운동이 펼쳐졌고 결국에는 노예제를 철폐하는 미국 헌법 제13조 수정안이 통과되게 된 것입니다.

그런데 에퀴아노가 당시 쓴 책(그가 1789년에 출간한 『아프리카 출신 올라우다 에퀴아노의 흥미로운 삶, 그 이야기*The Interesting Narrative of the Life of Olaudah Equiano, or Gustavus Vassa, the African*』로 영국에서 처음 출간된 뒤 러시아, 독일, 네덜란드, 미국 등지에서 출간되었으며 흑인 노예 해방 서사의 최초 출판에 속한다.―옮긴이)이 세계적인 베스트셀러가 되어 벌어들인 돈으로 카리브해의 섬에서 노예를 부리는 농장에 투자도 하지 않았습니까? 이런 사실로 해서 우리가 에퀴아노를 바라보고 이해하는 방식에 영향을 받게 되는 것은 아닐까요?

그런 사실로 해서 에퀴아노에 대한 우리의 개인적 평가는 달라질 수 있을지 모릅니다. 그러나 그가 기록했던 내용의 중요성은 달라지지 않습니다. 인간이란 복잡한 존재이기도 하니까요. 그가 남긴 회고록은 노예무역에 대해 우리가 이해하는 작업에 엄청난 기여를 했다는 것 또한 사실입니다.

그건 스페인 출신의 가톨릭 신부였던 바르톨로메 데 라스 카사스(1484~1566)의 경우도 다르지 않습니다. 그는 콜럼버스와 스페인인들이 원주민 타이노족들에게 저지른 잔학한 행위에 대해 폭로한 인물입니다. 그러나 그렇다고 그가 성자는 아니었지요. 그에게도 노예를 부려 경작한 땅이 있었습니다. 그런 면모를

**바르톨로메 데 라스 카사스의 기록**  가톨릭 신부였던 바르톨로메 데 라스 카사스는 백인들이 원주민들을 짓밟고 학살하는 현장을 기록으로 남겼으며, 그는 이런 참혹한 일을 '문명'의 이름으로 저지른 백인들을 비판했다. 판화는 그의 대표작인 『인디언 파괴에 대한 짧은 보고서』에 묘사된 쿠바 정복 때 자행된 스페인의 만행 중 한 장면이다.

사실로 받아들이는 한편, 그의 기여 역시도 인정하는 것이 중요합니다. 사실 인간의 진보에 나름 중요한 기여를 했던 인물들 거의 대부분이 결점을 가지고 있기도 했었으니까요.

지구상 어느 곳이든 한때는 다 노예제도가 존재했습니다. 수천 년의 노예제 역사는 미국의 경우에는 17세기에서 19세기까지 이어졌습니다. 그런데 선생님은 저서를 통해, 미국에서 행해진 노예제는 다른 어떤 곳의 노예제도와도 다르다고 했습니다. 이른바 노예를 재산의 한 종류로 법제화한 '노예 재산 제도chattel slavery' 말입니다. 무슨 차이가 있다는 거지요?

_____ 아프리카에도 노예제도는 존재했었습니다. 노예제도의 조건이 미국과는 달랐습니다. 노예는 인간이 아니라고들 여기고 있으니 노예를 보다 인간적으로 대한다는 것은 이상하게 들릴 것입니다. 하지만 노예를 대하는 잔혹성의 정도에는 그 수준의 차이가 있습니다.

미국에서 노예제가 미처 실시되기 전 이미 100년 동안 100만여 명의 노예가 라틴아메리카와 카리브해의 섬들로 운반되었습니다. 여기서 노예의 가족들은 갈기갈기 찢어지지 않고 가족 자체 그대로 인정되었습니다. 인간으로서의 권리를 그나마 누린 셈이지요. 그러나 이에 비하면 미국에서의 노예제도는 흑인들을 대하는 태도가 너무나도 가혹하고 잔혹했습니다.

서구, 특히 미국에서 이런 노예제도의 유지가 가능하도록 정당화하는 논리가 필요하지 않았습니까? 달리 말해서 흑인들을 계속 노예로 만들기 위해서는 어떤 문화적 담론을 창출해야 했던 건가요?

_____ 인종주의란 어떤 특정한 사람들은 다른 사람들처럼 자유를 누릴 권한이 없다는 것을 보여주기 위한 태도를 창출하고자 생겨난 것이라고 할 수 있을 겁니다. 이 특정한 사람들은 뭔가 다르다는 겁니다. 그 다르다는 건 그저 피부색의 차이나 골

격의 차이만을 뜻하지 않습니다. 정작 다른 것은 이들이 '열등한 인간'이라는 것입니다. 그 열등함은 종교로 표현되기도 했습니다. "이 자들은 기독교인이 아니다. 이교도다." 지능의 차이가 지적되기도 합니다. 흑인들은 백인들보다 지적 능력이 떨어진다느니, 더 야만적이고 잔혹하다느니, 식인종이라느니 하는 것 따위입니다. 이 모든 논리는 이들이 다른 인종과 달리 인간이 아니기 때문에 노예가 되는 것은 당연하다는 주장이 됩니다.

이런 논리나 주장은 일찍 시작되었습니다. 콜럼버스의 시대에 원주민들을 노예로 삼는 것이 정당하다고 주장한 스페인 신부 후안 히네스 데 세풀베다(1490~1573)가 그런 경우입니다. 그는 "이 원주민들은 우리와 다른 종자다. 인간이 아니다"라고 주장했던 것입니다. 그러나 바르톨로메 데 라스 카사스는 원주민들과 함께 살았고 이들에 대해 알고 있었기 때문에 이들에 관해 말할 수 있었습니다. 그는 원주민들도 우리와 똑같은 인간이라고 말했습니다. 게다가 사실 이들 원주민은 어떤 점에서는 우리보다 우월한 인간이라고까지 했습니다. 서로를 대하는 자세나, 재산에 대한 자세나 공유 경제에 대한 믿음에 있어서나 이들 원주민은 그렇다는 것입니다.

그렇지만 흑인들을 계속 노예로 삼는 것을 정당하게 만들기 위해 이들이 열등하다는 신화를 창조하는 일이 필요해졌습니다. 그리고 이 신화는 당연하게도 오랫동안 지속적으로 작동했습니다.

# I

스페인 제국이 남아메리카와 카리브해 섬들의 원주민들과 맞닥뜨렸다면, 서유럽의 다른 지역 국가들은 지금의 미국이 된 북아메리카 지역의 원주민들과 맞닥뜨렸습니다. 가령 뉴잉글랜드의 피쿼트족 학살 사건은 북부 유럽인들의 아메리카 대륙 정착 과정에서 일어났습니다. 어떤 사건입니까?

――――― 피쿼트족 학살 사건은 뉴잉글랜드 지역 블록섬에서 1637년에 벌어졌습니다. 이 사건은 이후 백인들이 보다 많은 땅을 가지려 한 길고 긴 역사의 본질을 보여주는 사건 가운데 하나라고 할 수 있습니다. 그건 사실 땅만이 아니었습니다. 땅속에 묻힌 것들도 포함합니다. 조지아에서는 금을, 나중에 오클라호마에서는 석유를 가지려 들었습니다. 물론 처음에는 그런 것보다는 원주민들이 살고 있는 땅 자체를 빼앗으려 했습니다. 그렇게 해서 아주 일찍 원주민 학살이 일어난 것입니다. 원주민들이 이에 대해 저항하자 이걸 테러라고 주장했습니다.

뉴잉글랜드에서는 학살이 잇따라 일어났습니다. 그리고 모두 정당한 행위가 되었습니다. 교회가 이를 앞장서서 옳다고 주장했습니다. 뉴잉글랜드의 지도적 신학자였던 코튼 매더(1663~1728. 열두 살의 나이에 최연소로 하버드대학교를 입학했으며 나중에는 제6대 하버드대학교 총장이 된다. 그는 초기 청교도 이민 사회에서 가장 강력한 영향력을 발휘한 인물 가운데 하나였다.—옮긴이)는 600여 명의 피쿼트족이 학살되자 "이로 말미암아 저들이 지옥으로 굴러떨어졌으니"라고 했습니다.

학살은 계속되었습니다. 영국인들이 들어오기 전 네덜란드인들이 지배했을 때 지금의 뉴욕은 뉴암스테르담으로 불렸는데 여기서도 학살은 이어졌습니다. 18세기와 19세기에 걸쳐 원주민들에 대한 전쟁은 끝이 없었습니다. 오래 지속된 역사인데도, 이런 역사는 학교에서 가르치지 않았습니다. 아메리카 원주민들을 미국 역사 교과서에서 다룬 것을 보세요. 믿기지 않을 정도로 얄팍한 분량입니다.

사실 맨 처음 뉴잉글랜드에 상륙한 유럽인들은 유럽에서 종교와 정치적 핍박을 받았던 피난민의 처지였지 않습니까. 그러니 이런 처지가 원주민들과 서로 마음을 주고받게 할 수는 없었던 것일까요?

_____ 그러게요. 그러나 불행하게도 그런 일은 생겨나지 않았습니다. 이곳에 애초에 살고 있던 원주민들은 새로 이곳에 도착한 유럽인들에게는 방해물이었던 것입니다. 그들은 원주민들이 생활하고 있던 땅에 정착하고 싶어 했으니까 말이지요. 땅이 필요했고 그 땅을 원하는 이들과 그 땅에서 오랫동안 살고 있던 이들 사이의 충돌은 불가피했습니다. 이 충돌은 미국의 역사 전체를 걸쳐 계속되었습니다.

미국독립전쟁은 중요한 전환점이었습니다. 영국인들이 식민지를 지배하면서 원주민들에게는 일정하게 안전지대가 생겨났기 때문입니다. 그건 이런 상황이었습니다. 영국은 원주민 지역과 백인 지역에 경계선을 긋고 백인 정착민들이 그 이상을 넘어서 원주민 지역에 들어가지 못하게 했습니다. 그러나 영국인들이 독립전쟁으로 쫓겨나고 미국이 영국의 식민지 상태에서 벗어나자 1763년에 선포되었던 경계선은 무너졌습니다. 원주민들의 안전지대는 사라진 것입니다.

이후 18세기와 19세기는 백인들이 거대한 폭력과 연이은 학살로 원주민 지역을 밀고 들어가는 역사가 되었습니다. 이들 원주민도 흑인처럼 열등한 인종으로 취급받았고 문명을 모르는 야만족이기에 백인들에게 자기들의 터를 넘겨줄 수밖에 없다는 식이 되고 말았습니다.

유럽인들이 아메리카 대륙에 발을 딛고 서부로 이동하는 과정을 보면 처음에는 협상도 하면서 정착하고 그러는 중에 토지를 구입하기도 했지만, 결국 긴장이 격화되면서 학살로 이어지게 된 것 아니겠습니까. 이렇게 보면 백인들은 여기에서 살고자 학살까지 저질렀습니다. 이런 역사를 선생님께서는 사람들에게 어떻게 설명하시나요?

_____ 실제로 일어난 일은 이렇습니다. 처음에는 서로 조약을 맺습니다. 그러나 그 조약은 깨지고 맙니다. 백인들은 원주민 부족의 지도자들과 협상을 벌이고 조약에 서명하지만 지도자들말고 다수의 원주민들은 이를 받아들이지 않습니다. 다른 한편으로 조약에 불만을 품는 백인들도 생겨났습니다. 이들은 그 조약 때문에 더 얻을 수도 있는 땅을 원주민들에게 넘겨주고 말았다

**눈물의 길** 1830년 제정된 원주민 이주법에 의해 아메리카 원주민들은 조상 대대로 살았던 미국 남동부의 고향을 떠나 인디언준주로 지정된 미시시피강 서부 지역으로 강제 이주해야 했다. 사진은 테네시주 체로키족 이주 추모 공원의 산책로에 눈물의 길을 따라가는 체로키족의 경로를 그려놓은 것이다.

고 여기고 그로 인해 자신들의 활동 범위가 줄어들었다고 생각합니다. 이런 일들이 수없이 반복되었습니다.

나중에 미국 제7대 대통령이 되었던 앤드루 잭슨(1767~1845)과 그 뒤의 대통령인 마틴 밴 뷰런(1782~1862)이 이끄는 군대가 1830년대에 남동부로 진격합니다. 이 작전은 법으로 아예 정해져서 '원주민 이주Indian Removal(Removal이 흔히 '이주'로 번역되지만 그 본뜻은 removal에 담긴 뜻 가운데 하나인 '제거'라고 할 수 있다.—옮긴이)'로 공식 호명되었습니다. 오늘날 우리는 이런 걸 인종청소ethnic cleansing라고 부르지요. 이렇게 해서 조지아까지 밀고 들어가 원주민들을 압박해 들어갑니다. 조지아에는 체로키족이 있었고 이어 크리크족, 촉토족, 치카소족, 세미놀족 등이 계속 밀려나서 앨라배마, 미시시피까지 후퇴하게 되고 급기야는 미시시피강을 넘어 겨우겨우 생존하게 됩니다.

저 처참한 '눈물의 길Trail of Tears'이라고 불린 원주민들의 비극이 이때 일어납니다. 1만 6천여 명의 원주민이 군대에 둘러싸여 뒤에서 위협을 받는 가운데 서부로 서부로 밀려나는데 이 과정에서 4천여 명이 죽고 맙니다. 이 역사는 제가 학교에서 배우지 못했던 역사의 한 장면입니다. 저는 원주민 연합부대가 백인 부대를 이긴 리틀빅혼 전투에 대해서도 배웠고 물소 떼를 몰고 다닌 버펄로 빌(1846~1917. 윌리엄 프레더릭 코디는 물소 버펄로 떼를 몰고 다녔다고 해서 버펄로 빌이라고 알려졌으며, 남북전쟁 당시 남군으로 참전했다. 그는 서부로 물소 떼를 몰고 간 경험과 그로 해서 생긴 명성을 이용해 훗날 이른바 '미국 서부 개척사'에서 유명해진 '카우보이'를 주인공으로 등장시킨 쇼로 흥행에 성공한다. ─옮긴이)에 대해서도 배웠지만 '원주민 이주' 작전에 대해서 들어본 적이 없었습니다. 앤드루 잭슨이 민주당원이고 영웅이라고 배운 적이 있지만 그가 원주민들을 학살하고 원주민들과 맺은 조약을 깬 뒤 이들을 그들의 땅에서 몰아낸 인물이었다는 건 배운 적은 없었던 것입니다.

이렇게 원주민들의 땅을 뺏는 일은 19세기 내내 계속 일어났습니다. 남북전쟁과 관련해서 알려지지 않은 대목은 북군 일부를 남군과 전투를 벌이게 하는 대신 원주민들의 주거지역에 보내 땅을 빼앗는 일을 시킨 것이었습니다. 미국 역사 전체로 보자면, 바로 이 시기에 원주민들의 땅이 가장 많이 박탈되었습니다.

1864년에는 콜로라도준주準州(준주라고 한 까닭은 콜로라도가 주州로 공식 편입되었던 것이 1876년이기 때문이다. ─옮긴이)에서 샌드크리크 학살이 벌어지는데 이곳에 살고 있는 원주민 수백 명이 북군의 공격으로 모두 멸절되고 말았습니다.

그리고 이 이야기는 오늘날 아메리카 원주민들은 잘 알고 있는 역사인 데 반해, 대부분의 미국인들은 알지 못하고 있습니다. 그래서 원주민들은 자신들에게 어떤 일들이 일어났는지 미국 사회가 이해하지 못하고 있는 것에 대해 고통스러워하고 있답니다. 그러나 이 역사는 근대사의 한 부분으로서, 원주민들이 살고 있는 지역에 들어가 거대한 폭력으로 그 땅을 빼앗았던 서구 역사의 모습과 다르지 않았습니다.

원주민들의 땅을 약탈하는 것을 법제화한 도스법('일반 토지 할당법General Allotment Act'이 공식 명칭으로, 제안자인 헨리 도스의 이름을 따서 도스법이라고도 불렸다. 이 법은 이름만 보면 원주민들에게 토지를 할당해주는 법인가 싶지만 실제로는 원주민의 공유지조차 백인들에게 사유화가 가능하도록 만든 법이다. 일제가 토지조사를 통해 우리의 땅을 빼앗아갔던 방식을 떠올리면 될 것이다. ─옮긴이)을 만든 상원의원 헨리 도스(1816~1903)는 미국 정부가 원주민 부족들이 살고 있는 땅을 강제로 조사해서 이들에게서 공유 토지를 빼앗을 수 있도록 했습니다. 그렇게 빼앗은 땅은 잘게 쪼개져서 백인들의 사유지가 되고 말았습니다.

도스는 원주민 주거지역에 찾아간 적이 있었는데 거기서 본 것으로 충격을 받습니다. 그가 보기에는 이들 원주민이 문명이라는 걸 도무지 모른다는 것이었습니다. 이들은 사유재산에 대해 알지 못하고 재산을 서로 공유하고 있다는 걸 발견하고 난 뒤 그렇게 말한 것입니다. 이들은 도스가 문명의 특징이라고 주장한 '**이기적으로 산다는 것**selfishness'을 이해하지 못하고 있더라는 것이지요. 그는 원주민들에게는 "문명의 기반이 되는 이기적인 삶을 도무지 발견할 수 없다"고 불평했습니다. 1885년의 일이었습니다.

이게 당시 백인들이 가지고 있던 원주민들에 대한 태도였습니다. 이들은 "사유재산에 대한 이해가 없다, 재산은 공유해야 한다고 여기고 있다, 그러므로 아메리카 대륙에 상륙한 백인들이 지니고 있는 문명의 세계에 적응할 수 없다"라고 주장한 겁니다.

혹시 그렇게만 원주민들을 이해하게 될 경우, 이들은 뭔가 우리와는 다른 기발한 생각이나 불친절한 감정이라고는 결코 갖지 않은 도덕군자나 고귀한 미개인처럼 여기고 말게 되는 건 아닐까요? 그건 일종의 착오 아닌가요? 이들도 유럽인이나 아시아인처럼 미국이 겪어온 온갖 난폭한 우여곡절의 과정과 별반 차이 없이, 여기저기에 갈등을 일으키면서 정착하고 정치경제적 권력을 확장하는 수 세기 동안의 전쟁을 치르기도 했던 것 아닌가요?

_____ 서로 전투를 벌인 원주민도 있고 자기 땅에 들어온 백인들을 학살한 원주민도 없는 것은 아닙니다. 그러니까 원주민을

과도하게 미화하거나 완전한 존재처럼 여기는 것은 잘못이지요. 하지만 그와 동시에 이들 원주민을 가까이에서 지켜보고 그에 대해 쓴 기록들을 제대로 인식하는 것은 대단히 중요합니다. 특히 16세기에 이곳에 와서 원주민들이 살아간 것을 직접 목격한 예수회 신부들의 글은 바로 그런 가치를 가지고 있습니다.

앞서 말했던 바르톨로메 데 라스 카사스가 바로 그런 경우입니다. 그는 카리브 해안의 섬에 와서 원주민들을 직접 보게 됩니다. 그렇게 시작된 원주민들에 대한 관찰 기록은 이후 동북부 지역에 살고 있었던 이로쿼이족들에게까지 이어집니다. 이 모든 보고는 이들이 백인들과는 다른 삶을 살고 있다는 것을 말해주고 있습니다.

이들도 전쟁을 하고 학살을 저지르기도 합니다. 하지만 이들의 삶은 기본적으로 서로 나누는 것입니다. 그리고 여성들에 대한 대우는 서구 사회의 경우보다 훨씬 나았다고 할 수 있습니다.

이들에 대한 보고에서 공통적인 것은 이들 원주민이 점잖고 친절하다는 것입니다. 콜럼버스도 이들과 마주했고 그 이야기를 자신의 일기에 기록해놓았습니다. 콜럼버스는 이들 원주민이 이 세상에서 가장 점잖고 친절하다고 썼습니다. 이들은 무기를 모르고 칼이 뭔지도 모른다는 겁니다. 이들은 서로 나누며 살고 자기들이 가진 것을 아무 대가도 바라지 않고 그저 준다는 겁니다. 이런 모습은 어쩌면 그 실상이 복잡미묘한 것일 수 있지만, 역사에 대해서 말할 때 유독 이런 모습들은 무시되고 누락되고 있다는 걸 알 필요가 있습니다.

**베이컨의 봉기** 1676년부터 1년간 벌어진 미국 최초의 봉기로, 버지니아 식민지에서 백인 하층민과 흑인 노예들이 합세해 식민지 정부에 저항했던 사건이다. 베이컨의 봉기는 봉기의 지도자 나다니엘 베이컨의 이름을 딴 것이다.

이렇게 함부로 무시되어온 원주민들의 삶은 오늘날 현대사회에서 사람들이 가장 갈망하는 것이기도 합니다. 그건 잔혹한 경쟁이 없는 삶이지요. 따라서 이걸 우리는 배울 필요가 있는 것입니다. 그런 가치관이 사라지니까 물질, 금, 원유, 토지에 대한 추구로 말미암아 무수한 나라들이 현대사에서 피비린내 나는 정복 전쟁에 몰려들었던 것 아닙니까. 이걸 깨우치는 것은 중요한 일입니다.

이야기를 19세기 버지니아 식민지 쪽으로 가볼까요? 잘 거론하지 않는 '베이컨의 봉기(1676년에서 1677년에 일어난 봉기로, 이를 이끈 나다니엘 베이컨의 이름을 따서 붙인 명칭이다. 당시 버지니아 식민지의 총독 윌리엄 버클리가 이 지역에 원주민들을 끌어들이자 이에 반발한 백인 하층민과 흑인 노예 들이 버지니아 식민지 정부와 맞서 싸운 사건이다. 여기서 주목되는 것은 봉기가 일어난 계기는 원주민 문제였지만 백인 하층과 흑인 노예 들이 부자가 차지하고 있는 버지니아 식민지 정부의 정책에 반기를 들었다는 점이다.—옮긴이)'에 대해서 이야기를 했으면 합니다. 『미국 민중사』에서도 이걸 다루셨지만, 제가 궁금해지는 것은 다음과 같은 겁니다. 유럽 상류층이 지배하는 불평등한 현실에서 벗어나온 유럽 출신의 노동자, 농민, 원주민 그리고 새로 등장한 흑인 노예 들 사이에 왜 가진 게 없는 자들의 우애나 연대감이 거의 없었는가 하는 점입니다. 이들은 가진 자들에 대한 태도에서는 공통된 것이 있긴 했는데 그걸 넘어서 함께 투쟁해야 하는 공동의 가치는 어찌해서 가지지 못했던 것일까요?

_____ 잘 아시겠지만 역사적으로 보면 권력에 의해 희생되는 이들은 도리어 서로서로 적대적으로 대하는 경우가 보통입니다. 이런 일들이 자주 일어나는 까닭은 이들이 서로 가까이 존재하고 있는 반면에 권력자들은 손에 닿지 않는 먼 곳에 있기 때문이지요. 정작 자기들에게 고통을 준 것에 책임을 져야 할 자들은 멀리 있고 그로 인해 희생되는 이들은 자기들 가까이 있는 것이 현실입니다. 미국 남부 지역을 보면 이런 일들이 벌어지는 걸 알게 됩니다. 손에 아무것도 가지지 않은 가난한 백인들은 흑인들에게 자신의 분노를 터뜨립니다. 자기들을 힘들게 하는 근원에 다가가는 일은 불가능하기 때문에 이런 일이 벌어지고 마는 거지요. 백인과 흑인, 백인과 아메리카 원주민 사이에 이런 일이

생겨나곤 했습니다.

하지만 이러다가도 어떤 때는 서로 공통된 명분이 있다는 걸 근본적으로 깨닫게 되는 순간이 오기도 합니다. 같은 인간으로서 뭔가 통하는 거지요. 물론 이렇게 되는 건 쉽지 않습니다. 왜냐하면 기성의 권력은 사람들을 서로 분열시키고 서로 적대하게 만들기 때문이지요.

그런데 미국 독립선언이 있기 꼭 100년 전인 1676년에 발생한 베이컨의 봉기는 그런 점에서 흥미로운 사례라고 할 수 있습니다. 그리 길지 않는 동안이기는 했지만 백인 하인들과 흑인 노예들이 서로 연대해서 버지니아 식민지 정부와 대항해서 싸운 겁니다. 물론 이들 가운데 일부는 아메리카 원주민들과 맞서 싸우기도 했습니다. 그렇게 된 까닭이 있습니다. 이들은 자신들이 아메리카 원주민들의 공격이 있어도 식민지 정부가 충분히 보호해주지 않는다는 불만이 있었기 때문입니다. 그래서 이 베이컨의 봉기는 그 속을 들여다보면 다소 복잡하고 기이한 사건이기는 하지만, 그래도 흑인들과 백인들이 서로 손을 잡고 정부 권력과 투쟁한 사건입니다.

맥락적으로 보자면 그게 바로 선생님께서 말씀하시는 억압의 사슬과 관련된 것이겠지요?

_____ 맞습니다. 영국에 의해 억압받는 백인, 백인에 의해 억압받는 흑인이 존재한 거지요. 그게 바로 억압이 작동하는 방식입니다. 그런 사슬들이 이어지면서 서로가 서로를 억압하는 거

고 그런 까닭에 이 사슬을 깨는 것이 어렵게 되지만 상황이 달라지기도 합니다. 뭔가 공통적으로 함께 겪고 있는 억압에 대한 저항이 일어나는 건데 베이컨의 봉기가 바로 그런 사례 가운데 하나라고 할 수 있지요.

베이컨의 봉기가 드러내고 있는 중요한 점은 이 나라에 언제나 존재해왔던 계급투쟁, 그러니까 부자와 가난한 사람 사이의 투쟁에 대해 뭔가 보여주었다는 겁니다. 우리는 역사에서 공동의 적에 맞서 하나가 되었다는 식으로 배우곤 하는데 가령 백인들은 아메리카 원주민들과 하나가 되어 싸웠다거나 미국독립전쟁에서 영국의 지배를 받았던 식민지 주민들은 모두 영국과 대항해 하나가 되어 싸웠다던가 하는 이야기 말입니다.

그러나 그건 보다 복잡한 상황을 단순하게 왜곡시킨 거라고 할 수 있습니다. 예를 들어, 독립전쟁의 경우 식민지 주민인 백인 모두가 다 영국과 맞서 싸운 건 아닙니다. 그 안에서도 분열이 있었습니다. 누군가는 영국으로부터 독립하고자 했으나 또 다른 누군가는 열정적으로 독립하겠다고 나선 것이 아닙니다. 그래서 조지 워싱턴(1732~1799. 미국 초대 대통령)은 독립군을 조직할 때 애를 많이 먹었습니다. 그는 미국 남부 지역 사람들이 독립전쟁에 별 관심이 없다는 걸 알게 되자 그의 휘하에 있던 너새니얼 그린 장군(1742~1786. 부유한 퀘이커 교도 집안에서 태어났으며 조지 워싱턴의 왼팔이라고 불린 인물이다.—옮긴이)을 남부로 파견하여 사람들이 독립군에 참가하도록 독려하게 했고 이에 따르지 않는 사람들을 처벌하도록 했습니다.

독립전쟁이 발발하기 전에도 부자와 가난한 사람 사이에서 지속적인 계급투쟁이 벌어졌습니다. 생계가 힘든 사람들과 그럴 이유가 없는 부자들 사이에 말이지요. 독립전쟁 이전에 이미 부의 집중이 있었던 겁니다.

따라서 독립전쟁 훨씬 전부터 계급투쟁의 오랜 역사가 있었다는 사실을 아는 것은 중요합니다. 보스턴에서는 배가 고파 빵 공장을 습격한 빵 폭동이 일어나기도 했고 독립전쟁 직전에는 노스캐롤라이나에서 가난한 농부들의 대정부 반란이 벌어지기도 했습니다. 집세를 내지 못한 사람들이 감옥에 갇히자 사람들이 감옥을 둘러싸고 이들을 풀어낸 사건도 있었습니다.

베이컨의 봉기에서도 바로 이렇게 가난한 사람들의 봉기가 있었던 겁니다. 독립 전에 주의회의 역할을 했던 버지니아 식민지 의회는 이를 민중 봉기라고 인식했는데 워낙 강력하게 일어난 사태라 자기들만의 힘으로는 진압하지 못했습니다. 그래서 이들 지배 세력은 영국에게 원조를 청하지 않으면 안 되는 처지에 몰리기도 했습니다. 이 요구에 따라 영국은 1천여 명의 군인을 보냈습니다. 그 정도로 이 베이컨의 봉기는 대단했고 광범위하게 벌어졌던 것입니다. 결국 이 봉기는 진압되었습니다.

지배 세력은 이 봉기에서 배운 바가 있었습니다. 사태가 그 정도가 되면 뭔가 양보를 하긴 해야 한다는 것, 그러나 너무 많은 양보를 해서는 안 된다는 것을 배웠습니다. 양보와는 별도로 가혹한 대처도 따로 미리 준비해야 한다는 것을 알게 된 것입니다. 민중들을 갈라놓기 위해 진력을 다해야 하는 것도 깨달았습니다. 그래서 가령 남부에서는 하층계급의 백인들을 도주한 흑인 노예를 추적하는 순찰대로 삼았습니다. 이들 백인은 하인 신분임에도 이들에게 약간의 혜택을 좀 더 주는 식으로 흑백 분열 정책을 밀고 나갔던 것입니다. 베이컨의 봉기는 미국 사회 전반에 걸쳐 뭔가 교훈을 주었지만 그건 사실 미국독립전쟁 이전이나 그 와중 또는 이후에도 부자와 가난한 사람 사이의 오랜 갈등의 한 국면에 지나지 않았습니다.

독립전쟁 이전에 존재한 빈부 간의 갈등은 전쟁 중에도 드러났습니다. 장교와 병사 사이에도 계급적 격차가 존재했기 때문입니다. 이건 사실 이미 군대 내에서는 오래된 이야기이긴 합니다만, 장교들은 대우도 좋고 봉급도 높았으며 입고 있는 옷들도 멋졌고 식사도 괜찮았습니다. 하지만 하급 병사들은 초봉부터 매우 낮았고 독립전쟁 1년 후에는 아예 봉급 인상도 막혀버렸습니다. 징집 기한이 끝나도 집으로 복귀할 수 없었고 정말 거지 같은 생활을 하게 되고 말았으니 이들이 반란을 일으키는 것은 당연했습니다.

미국인들이 미국독립전쟁사를 배우면서 잘 배우지 못하게 되어버린 것이 있는데, 독립전쟁 내내 가난한 병사들이 부자 장교들에게 반란을 일으켰다는 사실입니다.

1781년에는 '펜실베이니아 전선戰線'이라는 이름으로 불린 1천 명도 넘는 병사의 반란이 있었습니다. 그간 받아온 천대에 반발해서 일어난 사건입니다. 이 반란에 직면한 조지 워싱턴은 반란이 확산될 것을 우려해서 결국 반란군과 타협했고 이들의 요구에 양보하면서 반란군 일부를 그들의 뜻에 따라 귀가 조처를 허락했습니다.

몇 달 뒤 뉴저지에서도 반란이 일어났는데 이번에는 펜실베이니아에서보다는 수가 적은 수백 명의 반란으로, 조지 워싱턴은 양보와 타협 대신 반란군을 처벌하기로 결정했고 그 과정에서 여러 명이 처형당했습니다.

뉴저지에서의 반란이 진압된 이후 펜실베이니아에서 또다시 반란이 일어났습니다. 이번에는 반란군 가운데 12명이 처형 대상으로 지목되었고 그 가운데 여섯 명이 동료 병사들에게 즉결 총살형을 당했습니다. 그런데 이 여섯 명 중에서 다섯 명은 현장에서 즉사했고 한 명은 부상만 당해 목숨을 건지도록 허락받았으며, 대기하고 있던 나머지 여섯 명이 이어 총살되었습니다.

군대 내부의 계급 갈등으로는 1786년 매사추세츠 서부에서 일어난 '셰이즈의 반란'이 가장 극적이었습니다. 셰이즈의 반란이라고 불린 이유는 그 주모자가 대니얼 셰이즈 대위(c. 1747~1825)였기 때문입니다. 이 사건은 영국과 평화협정을 체결한 지 딱 3년 뒤에 일어났습니다. 매사추세츠 서부의 가난한 농민들 대다수는 부자들이 차지하고 있는 매사추세츠 의회가 매긴 세금을 감당할 길이 없었습니다. 그렇게 되자 법원은 세금 대신 이들 농민이 가지고 있던 농장, 가축, 땅을 모두 빼앗고 이것들을 경매에 부쳤습니다. 그러자 농민들이 조직을 만들어 경매가 벌어진 법정들을 둘러싸는 사태가 벌어진 것입니다.

농민들이 둘러싼 법정은 매사추세츠 서부에 있는 노샘프턴,

**셰이즈의 반란** 셰이즈의 반란은 1786년에서 1787년까지 매사추세츠 서부에서 미국독립전쟁 재향군인 대니얼 셰이즈가 주모하고, 주로 가난한 농민들이 생활을 파탄나게했던 빚과 세금에 분노해 일으킨 무장봉기다. 사진은 매사추세츠주 셰이필드 들판에있는 돌비석으로, "1787년 2월 27일 여기서 셰이즈의 반란의 마지막 전투가 있었다"라고 새겨져 있다.

애머스트, 그레이트배링턴, 스프링필드, 햄프셔 등 다섯 개 도시에 있었는데 이들은 법정이 경매를 진행하지 못하도록 막았습니다. 이런 사태는 매사추세츠에서만 일어난 일이 아니었습니다. 사우스캐롤라이나, 메릴랜드, 뉴저지, 펜실베이니아에서도 벌어진 사태였습니다.

독립전쟁이 종식되고 미국 도처에서 벌어진 가난한 농민들의 반란에 대해 우리는 여전히 잘 알고 있지 못합니다. 그 실상이 제대로 알려지지 못했기 때문입니다. 하지만 이 반란들은 매우 중요합니다. 전쟁이 끝나고 나면 퇴역 병사들에게는 땅을 주겠다고 약속했었습니다. 전쟁에서 돌아온 이들은 독립선언서가 약속한 대로 정부의 조치와 정치가 이루어질 줄 알았지만, 현실에서는 정부를 장악하고 있는 소수 부자들의 지배에 저항해서 생존권을 위해 투쟁해야 했습니다. 재향군인이자 농민이었던 이들의 생존권 요구로 빚어진 사태였습니다.

바로 이런 계급 갈등과 저항에 대한 대처가 1787년 미국 헌법을 만들 때 이 나라 건국의 아버지라고 불린 이들의 마음속에 있던 생각이었습니다. 이들은 '셰이즈의 반란'이 일어난 서부와 과거 영국의 식민지였던 다른 지역들에서 벌어진 투쟁들을 매우 민감하게 의식했고, 바로 그렇게 가난한 농민들이 부자들에게 저항하는 것을 목격한 것을 염두에 두고 헌법을 만든 것입니다.

1787년 필라델피아에서 열린 제헌회의 전날, 헨리 녹스 장군(1750~1806. 미국의 이른바 건국의 아버지 가운데 한 인물이자, 워싱턴 정부의 초대 전쟁부 장관이었다.─옮긴이)은 조지 워싱턴에게 이렇게 편지를 보냅니다. 정확히 원문 그대로는 아니지만 내용은 다르지 않습니다.

"이 농민들은 자기들이 독립전쟁에서 영국과 싸웠다고 자기들도 이 나라의 부를 평등하게 누릴 권리가 있다고들 여기는 모양입니다."

녹스는 워싱턴에게 경고를 보낸 셈입니다. 사실 헌법 제정 과정에서 전개된 토론과 연방정부론자 논쟁집인 『페더럴리스트 페이퍼*Federalist Papers*』(1787년에 연방정부 구성에 관한 논쟁들을 묶어 책으로 펴낸 것이며, 글들이 순차적으로 담겨져 있어 번호가 붙어 있다. 이 책은 미국 사상사에 매우 중요한 유산이다.─옮긴이)를 읽어보면 이런 농민반란을 제압하기 위해 강력한 중앙정부가 필요하

**『페더럴리스트 페이퍼』** 『페더럴리스트 페이퍼』는 제임스 매디슨과 알렉산더 해밀턴 그리고 손 제이가 뉴욕의 여러 언론에 기고한 연방정부 헌법에 동의하도록 설득하는 내용의 85개 글을 모아 1787년에 펴낸 책이다.

다는 논쟁이 펼쳐지는 걸 보게 됩니다. 참고로 덧붙이면 이 『페더럴리스트 페이퍼』는 제임스 매디슨(1751~1836. 미국 4대 대통령)과 알렉산더 해밀턴(1755 혹은 1757~1804. 미국의 법률가이자 정치인. 미국 건국의 아버지 가운데 한 인물.─옮긴이) 그리고 존 제이(1745~1829. 미국의 정치인이자 미국 건국의 아버지 가운데 한 인물.─옮긴이)가 자기들이 제안한 헌법에 동의하도록 설득하는 내용을 뉴욕의 여러 언론에 기고한 85개의 글을 모은 것입니다.

『페더럴리스트 페이퍼』 10번의 글은 제임스 매디슨이 썼는데 이 글에서 그는 13개 식민지 전체에서 반란이나 봉기가 일어나기 어렵도록 대의제를 만들어낼 헌법에 대해 논지를 펼치면서 그 시기 미국이 경험했던 농민반란을 해결할 수 있다고 주장합니다. 그는 농민들이 어떤 불만을 가지고 있는지 그리고 어떤 문제가 있는지를 밝히면서 특히 농민들이 자기들의 빚을 쉽게 갚기 좋게 지폐 발행을 원하고 있는 걸 논쟁점으로 삼기도 합니다.

미국의 건국의 아버지라고 칭송받는 이들에 대한 비판적인 이야기를 하는 것은 사실 언제나 쉽지 않습니다. 미국인 대부분이 이들을 존경하고 있기 때문입니다. 물론 이들은 여러 면에서 현명하고 매우 뛰어난 지성의 소유자이긴 합니다. 존경할 만한 점 또한 적지 않습니다. 하지만 미국의 헌법이 '셰이즈의 반란'의 그림자를 담고 만들어졌다는 점은 사실입니다. 헌법은 노예 반란과 가난한 사람들의 봉기를 두려워했던 헌법 제정 주도자들이 그걸 막는 걸 전제로 만들어진 것입니다. 그렇기 때문에 강력한 연방정부가 군대를 가지고 상황을 통제할 수 있고, 반란을 평정할 수 있기를 원했던 것입니다. 또한 『페더럴리스트 페이퍼』에 적힌 대로 상원 등 의회를 통해 이들의 불만을 걸러내면 그런 과정에서 뭔가 유화적인 대응이 가능해질 수 있지 않겠는가 하고 여겼던 것입니다.

그러니까 상원은 하원에 올라오는 뜨거운 스프가 상원에 이르기까지 식도록 해서 민중들의 열띤 분노를 가라앉힐 수 있다고 본 거군요.

_____ 바로 그겁니다.

그런데 선생님께서 지금까지 말씀하신 반란이나 계급 갈등 그리고 미국인 자신이 미국인으로부터 소외되는 이야기들은 우리가 배워온 것과 사뭇 다릅니다. 뿐만 아니라 그렇게만 보면, 당시 보통의 미국인들이 자치 정부를 만들고자 했던 역사를 충분히 인식하지 못하게 되는 건 아닌가요?

제가 지금 말하고자 하는 것은 지주나 상류층이 아니라 모두가 함께 타고 가는 배의 구석을 채우고 있는 사람들, 로프 줄을 만드는 사람들, 자기 집에서 맥주를 제조하는 사람들, 빵을 굽는 사람들에 대한 것입니다. 이들은 훗날 카를 마르크스가 소시민 '프티부르주아'라고 가볍게 규정해버리긴 했지만 사실 이들은 서로 간에 별 차이도 없고 또 자기 고용인과도 그다지 계급적 차이가 큰 것도 아니었습니다. 이들은 자기들의 입을 통해 자유에 대한 나름의 시대적 열정을 담은 이야기나 글을 남기지 않았습니까? 그런데 선생님이 말씀하신 억압이나 억압자들의 역사에서는 그런 이야기들이 제거되어버린 것은 아닌가 싶습니다. 선생님이 그 이야기를 제거하셨다는 것이 아니라 지배 세력 위주의 역사가 그런 것이 아닌가 하는 겁니다. 그런 점에서 보자면 제가 말한 사람들의 역사적 투쟁과 목소리도 있었던 것 아닙니까?

_____ 물론입니다. 그건 더 말할 바도 없이 분명하게 존재했습니다. 미국이 영국의 식민지였던 시절, 이 땅에는 영국으로부터의 독립을 환영한 사람이 무수히 많았습니다. 그리고 혁명 자체를 반긴 사람들도 있었습니다. 사실 미국 독립선언서는 그 이전에는 약속된 적이 없는 생명과 자유, 행복 추구에 대한 평등권이 약속된 역사적으로 매우 특기할 만한 문서입니다.

이는 대단히 고귀한 꿈입니다. 이 꿈을 위해 사람들은 투쟁했고 영국으로부터 독립되는 것은 바로 그 꿈을 이루기 위한 것이었습니다. 그런데 여기에는 누락된 서사가 있습니다.

바로 그 로프 줄을 만들던 선원들이 보스턴에서 영국 주둔군에 의해 학살됩니다. 1773년 영국의 수입 차茶를 저지하기 위해 벌어졌던 보스턴 티 파티 사건도 그렇고 그보다 앞선 1765년 영국의 과세법인 인지법印紙法(Stamp Act. 1765년에 만들어진 이 법은 등록 서류, 신문, 잡지 등을 영국 정부의 도장이 찍힌 종이를 사용하도록 강제화한 법으로 영국군 군비 보충을 위해 직접세 추징의 방식으로 이루어진 것이었다. 당연히 심각한 반발이 있을 수밖에 없었다.—옮긴이)에 대한 저항도 그렇고 독립전쟁사에 나오는 벙커힐 전투(독립전쟁 초기에 해당하는 1775년에 보스턴 포위 작전을 펴고 있는 독립 민병대와 영국군 사이에 벙커힐 점령을 두고 벌어진 매우 치열했던 전투다. 이 전투에서 영국은 가까스로 승리했지만 희생이 많았고, 민병대의 입장에서는 영국 정규군에게 그만한 타격을 주었다는 사실로 도리어 기세가 올라간 전투로 기억되고 있다.—옮긴이), 밸리 포지 전투(밸리 포지는 1777년에서 이듬해인 1778년까지 6개월간, 영국군의 필라델피아 공략에 퇴각한 조지 워싱턴의 군대 1만 2천 명이 겨울과 봄 동안 추위와 보급 문제로 혹독한 시련을 겪은 곳으로 이곳에서 2천 명에 가까운 병사들이 희생되었다. 여기서 병력을 재정비한 조지 워싱턴은 다시 반격에 나선다.—옮긴이)의 영웅들에 대해서도 우리는 배웁니다.

그런데 이 과정에서 중요한 서사가 빠지고 맙니다. 독립전쟁을 통해 영국의 지배가 끝났다고 해서 민주주의가 이루어진 것은 아니었기 때문입니다. 이 점을 봐야 합니다. 독립했다고 해서 평등한 사회가 생겨나지 못했다는 것입니다. 노예제도는 여전히 존재했는데 사실 이 노예제도는 노예제도라는 말 한마디 쓰지 않고도 미국 헌법에 담기게 되었던 것입니다. 이런 게 바로 독립선언서가 있음에도 노예 소유주들이 가지고 있던 인식이었고 그렇게 해서 이 나라는 부자들이 지배하는 나라가 되었던 것입니다.

하지만 그렇다고 이 나라가 농노제를 유지했던 것은 아니지 않나요? 독립을 선언한 1776년 또는 헌법을 제정했던 1789년경 지구상에 있는 나라에는 여러 다른 사회 모델이 존재했던 것 아닙니까? 말하자면 귀족에 의한 지배도 있고 지주에 의한 지배도 있고 말입니다. 자기가 살고 있는 땅에 묶여 자기 마음대로 이주할 수 없는 사람들도 존재했습니다. 하지만 미국에서는 그런 모델이 작동하지 않았습니다. 선생님께서 말씀하신 것과는 반대로, 자율적으로 자신을 교정해나가는 시스템을 우리가 만들어내지 않았나요? 어떤 시스템에 문제가 있다, 내적 모순을 더는 부인할 수 없게 되었다. 그러면 그 시점에서 자기 교정 방식이 작동하는 것 말입니다. 물론 언제나 올바른 방법을 선택했다거나 또는 충분했다거나 하는 것은 아니지만 위로부터가 아니라 밑에서부터 올라오는 힘으로 그렇게 자기 교정의 시스템이 존재해온 것 아닌가 하는 것입니다.

_____ 글쎄요. 그런 시스템이 있다고 해도 부분적인 대표성만 가지고 있거나 적절하지 못한 대표성에 의존하는 대의제가 존재

하고 있긴 합니다. 그런데 잘 생각해보세요. 상원이나 대통령을 사람들이 직접 선출하지는 않았습니다. 하원은 재산 정도에 따라 투표권이 있는 사람들이 선출했습니다. 13개 주 중에서 펜실베이니아주에서만 재산 정도를 따지지 않고 투표권을 인정했습니다.

그러니까 대의제의 작동이 일부 있긴 했지만 우리가 그토록 자랑스럽게 여기고 있는 자기 교정 시스템이라는 건 빈부 격차의 영역에서는 작동해본 적이 없습니다. 독립전쟁 당시 미국의 부 40퍼센트를 식민지 지배계급의 1퍼센트가 차지하고 있었습니다. 만일 오늘날 그와 같은 통계를 살펴보면 똑같은 결과를 얻게 될 것입니다. 제가 말하고자 하는 것은 미국의 역사 전체를 통틀어 일관해서 유지되고 있는 것은 부의 독점입니다. 물론 소수의 부자들이 부를 몽땅 다 차지하고 있다고 말하는 것은 아닙니다. 일정한 정도는 최상류 계급 아래로 분배되어서 반란을 꿈꾸지 않을 정도로 만족할 만한 중산층 계급을 만들어내는 거지요.

시스템이 알아서 자기 교정을 한다기보다는 그와는 다른 방식의 교정이 이루어지긴 합니다. 하지만 이것도 정치 지도자들이 해내는 것이 아닙니다. 그걸 정작 해내는 건 민중입니다. 이들은 조직하고 사회운동을 만들어내고, 대의적 정부 기관을 통해서보다는 직접행동을 통해 자신들의 조건을 변화시킵니다.

지금 저는 경제 그리고 노동자들의 권리에 대해 말하고자 합니다. 노동자들의 노동조건, 임금, 노동시간은 오늘날에도 여전히 문제입니다. 이건 자기 교정의 과정을 통해 변화하고 있지 않습니다.

미국 헌법에는 직업을 얻을 권리, 사회보장의 권리, 건강 보장의 권리, 주택에 대한 권리 등은 전혀 적혀 있지 않습니다. 이런 모든 권리는 노동자 자신이 투쟁해서 획득해야 합니다. 건국의 아버지들이 만든 헌법에는 이런 빈곤의 문제, 계급 분쟁의 문제가 관심 대상이 아니었습니다.

19세기에 벌어진 현실에 대응한 노동자들은 스스로 조직하기 시작했고 사회적 투쟁, 파업, 직접행동 등을 통해 자신들의 삶의 조건을 바꾸어나갔습니다. 이렇게 해서 우리는 이 사회에서 그나마의 개혁을 성취했던 것입니다. 이런 경제적 상황말고, 노예제 문제를 한번 떠올려보십시오. 이건 또 교정의 과정이 얼마나 오래 걸렸습니까? 그래서 자기 교정의 시스템이 우리에게 있다고 말하는 건 우리 사회의 상층부에게 과도한 점수를 주는 셈입니다. 그건 마치 에이브러햄 링컨(1809~1865)이 갑자기 노예해방의 꿈에 사로잡히게 되었다던가, 의회가 노예해방이라는 발상에 폭 빠지게 되었다고 하는 것이나 다를 바 없습니다.

링컨의 노예해방 선언에 이르기까지 그걸 성취하기 위해서 그리고 의회가 제13조, 제14조, 제15조 수정헌법 조항을 통과하기까지는 엄청나게 강력한 사회운동, 반노예운동이 전개되어야 했습니다. 그 힘이 압력으로 작용해서 그런 결과를 가져오게 된 것입니다. 그러니까 청소년들이 학교에서 역사를 배울 때 마치 우리 미국에는 문제가 생기면 그걸 바로 자율적으로 고칠 수 있는 멋진 시스템이 작동하기라도 한 것처럼 여기게 하는 것은 잘못이라고 생각합니다.

그건 시스템의 자기 교정이 이루어낸 결과가 아닙니다. 민중들이 자신들의 요구에 맞춰 변화를 조직한 결과입니다. 평등과 정의를 위해, 흑인들이 미국의 역사에서 오랫동안 그래왔던 것처럼 그리고 노동자가 그렇게 해왔고, 여성이 그리해왔고, 최근에는 장애인 그리고 게이와 레즈비언이 그래왔던 것처럼 말입니다. 현실의 정치 시스템은 이들을 위해 자동적으로 문제를 해결해주지 않습니다.

그렇다고 해서 자기 교정이라는 개념이 폄하되거나 부인되면 우리가 한 나라의 국민이나 한 사회 또는 하나의 육체에 존재하는 것과 같은 신체기관이 아니라는 이야기가 되는 것 아닌가요? 결국 우리는 지속적으로 서로 싸우고 투쟁하면서 적대하는 다양한 인간들이라는 식이 되는 것이니 말입니다.

_____ 우리는 사실 서로 적대적인 관계에 있습니다. 그게 엄연한 현실입니다. 무슨 시스템 속에서 자동적으로 서로 교정하면서 문제를 푸는 관계가 아닙니다. 자원은 희소하고 사람들은 이걸 얻기 위해 투쟁합니다. 직업도 한정이 있으니 사람들은 이걸 얻기 위해 서로 싸웁니다. 흑인은 백인과 서로 겨룹니다. 남성은 여성과 쟁투를 벌입니다. 보다 숙련된 기술을 가진 이들은 그렇지 못한 이들과 맞섭니다. 이 땅에서 태어나 시민권을 가진 이들은 이민자들과 서로 이해가 충돌합니다.

갈등은 언제나 사람들 사이에서 있게 마련입니다. 그러나 이런 갈등을, 또 가장 많은 부를 차지하는 이들이 이용하기도 한다는 것을 주목할 필요가 있습니다. 이는 중요한 사안입니다. 흑백 갈등으로부터 부자들은 이득을 얻습니다. 서로 각기 어려운 조건에서 살고 있는 이들이 공통의 이해를 가지고 연대하는 것을 이들 부자는 더 어렵게 만들어버립니다. 이 점은 미국의 역사에서 본질적인 사회변화를 가져오는 데 늘 문제가 되어온 바입니다.

지금 말씀하신 내용으로 보자면, 미국사에 등장하는 콜럼버스의 정복, 피쿼트족 학살, 베이컨의 봉기, 셰이즈의 반란, 미국독립전쟁 시기 군대 내부의 반란 등이 서로 얽혀 있다는 이야기인가요? 이 모든 걸 관통하는 어떤 실마리라고나 할까, 그걸로 미국과 미국의 역사를 제대로 알 수 있게 하는 게 있을까요?

_____ 있지요. 그건 인류가 가진 최상의 이상, 말하자면 독립선언서에 담긴 이상과 그와는 달리 실제로 사람들이 노예제도, 인종주의, 경제적 착취, 성적 불평등을 통해 경험하는 현실과의 갈등이라고 할 수 있습니다. 달리 말해서 이상과 현실 사이의 갈등이 미국 역사 전반에 걸쳐 관통하고 있는 바라고 할 수 있습니다.

그런 역사적인 내용을 우리가 배워온 바대로 중요하게 여긴 말 탄 영웅적인 장군, 현명한 건국의 아버지 등등과 함께 같은 테이블에 놓고 이야기하면 어떤가요? 그렇게 하면 21세기를 사는 우리가 보다 넓은 역사의 틀에서 뭔가를 얻어낼 수 있지 않을까요?

_____ 우리가 정말 사회를 변화시키고 싶다면 무려 200년 전에 미국의 건국의 아버지들이 만들어놓은 것에 의존하거나 또는 권력자들에게 기대는 것은 아니라고 인식해야 그런 일이 가능해집니다. 우리는 대통령이나 의회 그리고 대법원에 수동적으로 의지할 수 없습니다. 지난 역사의 긴 시간 동안 있었던 투쟁과 변화가 일어난 방식을 돌아보면, 그건 결국 시민으로서 우리에게 달려 있다는 것을 깨닫게 됩니다. 그로써 우리는 보다 나은 시민이 됩니다. 단지 투표권만 행사하는 이들이 아닌, 보다 적극적인 시민이 되는 거지요. 일상에서 함께 연대하는 시민으로 성장하고, 그렇게 해서 우리는 민주주의에 대한 새로운 생각을 현실에서 할 수 있게 됩니다.

민주주의는 위로부터 오지 않습니다. 민주주의는 자신들이 서로 공통적으로 무엇을 가지고 있고 무엇이 결여되어 있는지를 알아가는 보통의 시민들로부터 옵니다. 이들이 함께하면서 그 힘을 같이 만들어갑니다. 그들은 함께 저항하고 함께 요구합니다. 그리고 운동을 만들어나가지요. 그렇게 해서 변화가 생겨나는 겁니다. 그것이 바로 미국 독립선언서에 밝혀진 이상에 보다 가까이 다가설 수 있는 방법입니다.

그런데 자신도 노예였고 노예제도의 악을 고발했던 에퀴아노와 같은 사람조차 노예를 소유했습니다. 이런 사실을 알게 되어도 그런 사람의 역사적 기여나 그 진실성을 의심해서는 안 된다고 한다면, 어떻게 해야 하는 거지요? 인간이란 뭔가 결점이 있게 마련인데 어떤 중대한 역할을 한 사람이 그렇다면 그땐 뭘 어찌해야 하는 건지가 ….

_____ 때로는 말이지요, 사생활로 해서 판단이 어렵다고 여길 만한 상황이 생기기도 합니다. 대단히 위대한 지휘자에게 고귀하다고 하기에는 좀 그런 사적 생활이 있다고 해봅시다. 그런 경우가 종종 있기도 하니까요. "자, 그런 경우 우리는 이런 사람의 연주는 더는 들어서는 안 돼"라는 걸 따지는 문제가 생길 수 있습니다.

사실 자세히 들여다보면, 이렇게 중요하고 고귀한 역할을 하는 사람들도 꽤나 많은 경우 개인적 결함이나 행동에 문제가 있기도 합니다. 물론 이런 걸 우리가 무시하거나 숨기려고 해서는 안 되겠지만 그렇다고 해서 이 사람이 이상적이지 않으니까 그가 하고자 하는 말을 들어서는 안 된다고 하는 것은 옳지 않습니다.

최근 우리가 알게 된 것처럼(마틴 루터 킹의 여성 관계가 FBI 파일로 드러난 것을 말한다. 마틴 루터 킹이 묵고 있는 호텔 옆방에 도청 장치를 해놓고 사찰한 기록이다.—옮긴이) 마틴 루터 킹이 사적 생활에서는 완벽한 사람이 아니었습니다. 그러나 사람이란 대체로 이런 문제가 있기도 합니다.

사람들이란 누구나 다 공통적으로 어떤 결함이나 모순을 가지고 있기도 하지 않나요? 그런데 그런 가운데서도 공통적이지 않은 점은, 누군가는 사회적 관계에서 존경할 만하지 않다는 것입니다. 어떤 사람은 부를 축적하고 전쟁을 일으킵니다. 하지만 어떤 사람들은 마틴 루터 킹처럼 정의를 위해 투쟁하고 전쟁을 반대하기 위해 목소리를 높입니다. 그렇기 때문에 인간에게 서로 공통적인 면모가 있기도 하지만, 그렇지 않은 것도 있는 겁니다. 인간을 달리 평가할 수 있는 결정적인 것은 바로 이런 점들입니다. 그 차이가 바로 도덕성과 인권의 차원에서 생겨나는 문제이며 그것이 사람들이 제대로 봐야 하는 대목입니다.

미국의 제7대 대통령 앤드루 잭슨은 20달러 지폐에 찍혀 있는 인물입니다. 그는 위대한 민주주의자이며 보통의 시민, 민중들에게 정치의 권리를 주도록 한 인민주의자populist로 알려져 있습니다. 정말 그런가요?

_____ 앤드루 잭슨은 미국사에서 신적인 숭배를 받는 사람들 가운데 하나일 겁니다. 미국의 위대한 대통령 목록을 만든다면 언제든 그 상위권을 차지하는 게 앤드루 잭슨입니다. 학교에 다닐 때 그에 대해 배운 내용은 그가 대통령이 되자 백악관을 보통 시민들에게 개방한, 인민들에게 인기가 있는 사람이라는 것이었습니다. 어떤 의미에서 그가 바로 이 나라의 수도와 국가에 민주주의를 가져왔다고 여기고들 있습니다.

하지만 이런 건 사실 앤드루 잭슨의 진정한 모습이 아닙니다. 여기서 빠진 것은 노예제도에 대한 그의 태도, 아메리카 원주민들에 대한 그의 인식, 백인이 아닌 인종에 대한 그의 차별의식, 그의 토지 투기와 부의 축적 그리고 조지아, 앨라배마, 미시시피, 플로리다에서 아메리카 원주민들을 쫓아낸 사실, 이들과 맺었던 약속을 깬 것 등 적지 않습니다. 잭슨은 또 전쟁 영웅으로 떠받들려지기도 합니다. 그런데 이런 게 미국 역사에서 제기되어야 하는 문제 가운데 하나입니다. 전쟁 영웅이라고 하면 그냥 덮어놓고 미국사의 가장 중요한 인물로 되어버리니 말입니다. 이런 인물들이 전쟁 때 무엇을 했는가는 강조되지만 다른 삶의 영역에서는 어땠는지 제대로 주목되지 못하고 있는 것입니다.

예를 들어볼까요. 잭슨이 대통령이었던 시절, 노예제도 반대를 주장하는 소설들은 남부 지역 우체국에서 배달이 금지되었습니다. 사실 우편은 연방정부의 관할 아래 있었고 그런 까닭에 주 정부가 그렇게 할 수 있는 권한은 없었습니다. 그런데 남부의 주들이 이렇게 했고 잭슨은 이걸 그대로 두었습니다.

또 연방정부는 남부 지역의 원주민들이 가진 땅을 처분하는 문제에 대한 법적 관할권을 가지고 있었습니다. 법으로 정해진 내용입니다. 그런데 연방정부의 수장인 대통령 잭슨은 이런 법을 무시하고 조지아주, 앨라배마주, 미시시피주의 주정부가 자기들 마음대로 아메리카 원주민들의 토지를 박탈하도록 내버려둔 것입니다. 앤드루 잭슨은 그 자신이 노예 소유주였고 노예제도를 지지했습니다. 뿐만 아니라 그는 아메리카 원주민들을 살해하는 것을 즐겼습니다. 그런 일에 가담하는 게 신이 난다고까지 말했을 정도입니다. 그러니 이런 잭슨을 그저 민주주의자로 여기는 것은 그의 진정한 모습에 대한 왜곡이라는 점에서 좋지 못합니다. 뿐만 아니라 그런 왜곡으로 결국 미국인들이 우리 역사상 등장한 대통령, 지도자 들을 신성한 존재처럼 떠받들게 만들어버립니다. 그럼으로써 이들 대통령이나 지도자가 억압받는 이들에게 어떤 태도를 가지고 어떤 관계를 만들었는가는 무시해도 괜찮다는 식이 되게 합니다. 그런 점에서도 이런 관점은 좋지 못합니다.

잭슨 대통령 당시 플로리다는 이제 막 미국 연방정부의 소유가 되었습니다. 그리고 여기에는 아메리카 원주민들이 대거 살고 있었습니다. 그런 점에서 어떻게 플로리다가 미국 땅이 되었는지, 여기서 잭슨이 했던 역할은 무엇이었는지 말씀해주십시오.

———— 플로리다와 관련해서는 잭슨에 대한 흥미로운 이야기가 있습니다. 그는 이 지역에 살고 있던 세미놀족과의 전투에 참여했기 때문입니다. 이들 원주민은 이 전쟁에서 반격전을 펼쳤습니다. 이 과정에서 숱한 원주민이 목숨을 잃었습니다. 잭슨은 스페인이 지배하고 있던 영토에 살았던 바로 이 원주민을 공격하라는 명령을 내린 장본인이었습니다.

우리 미국 지도를 보면 이 과정은 아주 대단한 것처럼 보입니다. 제가 초등학교를 다니던 때, 선생님은 이 지도를 보여주면서 서부 개척사를 말했고 그 서부 개척사에서 그 큰 땅들은 돈을 주고 샀거나 그 땅에서 살고 있는 원주민들이 양도한 것처럼 배웠습니다. 이 모든 과정에는 다 선의의 배려가 있었다고 배운 것입니다.

그런 맥락에서 '플로리다 구입', '멕시코의 양도', '루이지애나 구입'과 같은 말이 나온 거지만, 이건 다 폭력이나 공정하지 않은 거래 방식으로 이루어진 것을 은폐한 말장난에 지나지 않습니다. 이 과정은 모두 원주민을 공격한 전쟁의 시발이었고 그로써 이들로부터 그 주거지역을 빼앗은 것입니다.

'플로리다 구입'도 사실은 앤드루 잭슨 정부가 저지른 원주민들에 대한 공격적인 전쟁의 결과였습니다. '멕시코의 양도'라는 것도 단순히 평화적인 토지 거래가 아니었고, 1846년에서 1848년 사이에 치열하게 벌어졌던 미국과 멕시코 전쟁의 결과물이었던 것입니다.

미 연방정부가 플로리다에 들어가 원주민들의 문화를 뿌리 뽑았을 때 사실 이 과정에서 그곳에 성장하고 있던 흑인과 원주민 들의 문화도 뿌리 뽑아버린 것 아닌가요?

_____ 네, 그렇습니다. 플로리다도 그렇지만 남부 지역에는 일정 정도 흑인과 원주민 들이 함께 일궈낸 흥미로운 문화가 존재했습니다. 그중에서도 플로리다에서 가장 왕성했다고 할 수 있지요. 원주민들이 흑인 노예들과 어울렸고 이들 사이에 관계가 발전하면서 그 후손들이 태어나게 된 것입니다. 그런데 플로리다를 연방정부가 확보하고 이곳을 미국 노예제도가 존속하는 땅으로 만들면서 그와 같은 흑인-원주민 혼합 문화는 깨져버리고 말았습니다.

그렇게 보자면 앤드루 잭슨은 단지 서부 쪽으로 영토를 넓히는 것만이 아니라 노예제도가 존재하는 영토를 서부로 확장시키려는 야망을 가진 인물이 아니었나요?

_____ 잭슨이 노예제도가 서부로 확장되는 것에 관심이 있었다는 것은 의심의 여지가 없습니다. 텍사스가 당시 멕시코 영토의 일부라는 것을 오늘날 사람들은 잊고 있는데 잭슨 때 백인들이 점점 더 많이 이 지역으로 이주해 들어갔지요. 잭슨은 백인들의 이주 물결을 촉진했고 그러는 가운데 이 지역에서 백인이 결국 다수가 됩니다. 그걸 기반으로 미 연방정부는 텍사스를 자기 땅으로 편입하고 마는 겁니다. 그건 단지 토지의 확장만이 아니라 노예제도를 유지하는 지역의 확장이었고, 이 지역에는 그 결과로 노예를 부리는 목화 농장이 성장하게 됩니다.

그렇게 노예제도가 텍사스에서 생겨나는 것은 애초부터 계획했던 결과인가요, 아니면 어쩌다 그렇게 된 것일까요? 말하자면 누군가에는 이익이 되는 것이었기도 했지만 텍사스가 미국 땅이 되는 과정에서 생겨난 노예제도가 우연히 발생한 건가 하는 질문입니다.

_____ 미 연방정부가 텍사스를 차지하려 했던 것에는 다양한 이유가 있었다고 봅니다. 그 가운데 하나는 더 많은 토지를 갖겠다는 것이었지요. 하지만 노예제도를 정착시키려는 것이 텍사스를 획득하려는 욕망을 부추긴 결정적 요소였다고 생각합니다. 텍사스를 얻게 되면 이곳이 노예제를 유지하는 지역이 될 거라

고 다들 알고 있었기 때문입니다. 따라서 텍사스를 이렇게 미국의 땅으로 만들고자 했던 것에는 노예제도 확장의 동기가 매우 강하게 작용했다고 하겠습니다.

▮
▮

미국의 역사에서 잘 알려지지 않은 것 가운데 하나가 이런 상황이 벌어졌을 때 민중은 어떻게 저항하고 투쟁했는가에 대한 이야기입니다. 세미놀족의 저항에 대해 말씀하시긴 했습니다만, 원주민들은 격렬한 투쟁을 했다고 알고 있습니다. 테쿰세(1768~1813. 지금은 오하이오주로 알려진 지역에서 태어난 원주민의 지도자로 여러 부족을 연합시켜 백인들에 대항하는 연대 조직을 만들어냈다. 그는 뛰어난 연설가로도 이름이 높았으며, 1813년 캐나다 접경 온타리오 호수 근처의 전투에서 전사했다.—옮긴이)가 이끈 저항 투쟁도 그 가운데 하나가 아니었나요?

_____ 그건 1811년경에 시작되어 테쿰세가 죽고 난 다음에도 10여 년간 더 지속된 투쟁입니다. 테쿰세는 자신들의 땅을 빼앗아가는 백인들에게 저항하기 위해 여러 원주민 부족을 모아나갑니다. 그가 중요한 까닭은 지도자이기도 하지만, 그는 자신이 어찌해서 백인들과 싸우게 되었는지를 밝히는 연설을 기록으로 남겨놓았기 때문입니다. 아메리카 원주민들은 백인들이 이 땅에 왔을 때 잘 대해주었는데 원주민들은 이들에게 속았고 체결된 조약도 일방적으로 깨뜨렸으며 자신들에게 약속했던 땅들도 빼

**테쿰세**  그림은 1810년 인디애나준주 빈센스에서 쇼니족의 지도자인 테쿰세와 인디애나준주의 지사였던 윌리엄 헨리 해리슨이 대결하고 있는 것을 묘사한 것으로, 윌리엄 헨리 해리슨이 웨이 요새 조약(1809년 원주민의 땅 약 1만 2천 제곱킬로미터를 백인 개척민에게 매각한다는 조약)을 무효화하는 제의를 거절하자 테쿰세가 화를 내고 있다.

앗아갔다고 했습니다. 테쿰세는 백인들이 이 땅에 와서 그 이전에는 원주민들의 공동 소유였던 땅을 원주민들을 희생시켜가면서까지 백인들 개인의 사적 욕망의 대상으로 만들어버린 걸 탄식했습니다.

그렇기 때문에 테쿰세는 단지 원주민들을 조직한 지도자로 끝난 것이 아니라 원주민 문화가 가졌던 정신이 백인들의 손에 의해 파괴된 것을 증언한 인물이었다고 할 수 있습니다.

서부로 백인들이 확장해나갔을 때 그리고 그런 상태가 이제는 한참 진전이 되고 있을 때, 비로소 원주민들은 '자신들이 하나의 종족이다'라는 개념을 가지게 되었던 걸까요? 사실 유럽에서 이주해온 백인들이 왔을 때 이들 원주민은 말도, 문화도, 세계관이나 인간에 대한 생각도 각기 다른 500여 개의 부족으로 존재하고 있지 않았습니까. 그런 식으로 계속 있게 되면 저항 투쟁에서 패배할지 모른다는 생각은 하게 되었을까요?

\_\_\_\_\_ 전에는 서로 다투던 부족들끼리 이제 백인들로부터 공격당하니 하나로 뭉쳐야 할 실질적인 필요가 생겨나지 않을 수 없었습니다. 백인들이 서부로 계속 들어오고 더 많은 땅도 가져가니 이들도 서로 손잡고 함께 단합해야 하는 동기가 더 강하게 만들어진 것입니다.

물론 이런 과정이 완벽하지는 않았습니다. 원주민 거주 지역으로 들어온 백인들은 원주민들이 서로 적대하도록 분열 정책을 쓰기도 했습니다. 가령 백인들은 원주민 부족들의 의사와는 다르게 그 부족의 지도자와 협정을 체결해서 서로를 갈라놓기도 했습니다. 서로 다른 부족 사이에 분쟁을 유발하고 배신도 하게 했었습니다. 이건 식민지 지배 전략에서 흔히 볼 수 있는 수법입니다. 서로 갈라치고 지배하는 방식이지요.

1860년대와 1870년대에 백인들과 원주민 사이의 경계선 또는 변경frontier은 어떤 모습이었나요? 이게 오늘날 우리가 책으로 배우거나 듣곤 하는 역사 이야기에서 얻는 이미지와는 어떤 차이가 있을까요?

\_\_\_\_\_ 프론티어라고 부르는 경계선 또는 변경의 이미지는 흔

히 카우보이, 마차를 타고 이 지역에 용감하게 이주하는 사람들, 이들을 공격하는 원주민 등으로 구성되어 있지요. 이 마차를 타고 가는 백인들은 물론 남다르게 용기 있고 단단한 투지를 가지고 있는 이들이긴 했지만, 하나 분명하게 주목해야 할 바가 있습니다. 이들은 다른 사람들이 살고 있는 땅에 무단 침입했다는 사실입니다. 이건 제대로 주목되지 못했습니다.

원주민들로부터 공격당하는 선한 백인들, 카우보이와 원주민들 사이의 이야기, 그런 것들은 역사적 현실을 정확히 전달해주지 못합니다. 원주민들의 입장에서 생각해보면, 이들 이방인은 자기들이 수 세기 동안 살면서 사냥도 하고 지내던 땅으로 난입해온 자들인 겁니다. 게다가 땅까지 빼앗습니다. 그리고 이에 저항하면 강력한 군사력으로 진압해버렸으니 그런 면모가 드러나지 않는 역사적 서사는 현실과 동떨어지기 마련입니다.

샌드크리크 학살 사건에 대해 이미 말씀하시긴 했습니다만, 이런 학살 사건과 백인들이 종국적으로 가지려 했던 아메리카 대륙의 모습은 뭔가 서로 일치하나요?

_____ 백인들은 서부로 확장해 들어가는 물결이란 대서양에서 태평양으로 이동해가는 문명의 전진, 그 운동에 참여하는 일로 여겼습니다. 그리고 이러한 전진을 가로막고 저항하는 원주민들은 문명을 이해하지 못하는 악한 이방인들이기에 문명의 발전을 위해 제거되어야 한다고 생각했습니다. 이런 생각이 반+공식적으로는 1890년에 종결된 19세기 내내 미국 팽창 과정의 밑바닥

**운디드니 학살** 1890년 12월 29일 사우스다코타주 운디드니와 그 근처 언덕에 있는 파인리지 원주민 보호구역에서 기관총으로 무장한 미 육군 제7기병연대 500여 명이 수족을 200명 넘게 죽였다. 사진은 수족을 학살한 뒤 미군들이 원주민 사망자들을 집단 묘지에 묻고 있는 장면이다.

에 있던 동기였습니다. 이후 '변경은 이제 더 이상 없다'고 공식 선언됩니다.(당시 미국의 역사가 프레더릭 잭슨 터너(1861~1932)가 이제 드디어 '변경의 종식'이 이루어졌다는 말로 이른바 서부 진출을 정당화하는 논리를 내세웠다. 그러나 그 변경의 종식이 얼마나 많은 원주민들의 희생을 가져왔는지는 침묵했다. ─옮긴이)

이건 사우스다코다주에서 있었던 운디드니 학살Wounded Knee Masscre 사건에서도 반복되었던 일입니다. 이 사건은 콜로라도준주의 샌드크리크 학살 사건의 재판再版이었던 겁니다. 백인 병사들은 평화롭게 살고 있던 원주민 마을을 습격해서 주민들을 학살했습니다. 그런 까닭에 1890년은 매우 중요한 역사적 전환점이 되었습니다.

이 시기, 또는 남북전쟁 이후의 시기에 미국은 당시 형성된 주정부 연합 또는 연방정부의 정체성을 가지고 아메리카 원주민 문제에 대해 좀 다른 해결책을 내놓으려 했나요? 과거와는 다른 생각들이 점차 모아지기는 했나요?

_____ 서부로 확장하는 것에는 어떤 반대도 실질적으로 존재하지 않았습니다. 반대하는 개인이나 소규모의 집단이 있기는 했습니다. 문학으로 보면, 헬렌 헌트 잭슨(1830~1885. 원주민들에 대한 백인의 만행을 기록하고 이들 원주민을 위해 활동한 작가다. 그녀의 책 『한 세기의 불명예*A Century of Dishonor*』와 『라모나*Ramona*』 같은 작품들은 미국-멕시코 전쟁 이후 남부 캘리포니아 원주민들의 처지를 소설로 그려 엄청난 인기를 모았다. ─옮긴이)의 경우를 들 수가 있는데 그녀가 쓴 책은 상당히 많이 읽혔습니다. 그녀는 서부 확장의 과정에서 원주민들이 겪었던 잔혹한 현실을 책에 담아냈습니다.

그러니까 당시 미국인들 가운데 비록 소수이기는 했지만 누군가는 원주민들에게 어떤 일이 일어났는지를 알고 있던 것이었습니다. 그건 마치 1830년대에서 1840년대에 흑인들에게 어떤 참혹한 일이 발생했는지를 알고 있는 소수의 사람들이 있던 것과 같습니다.

하지만 어떤 중대한 변화를 가져올 만큼의 규모로 사람들이 뭉쳐 뭔가 정의롭게 해결해보려 했던 건 아닙니다. 단지 어떤 개선책이 있는지 찾아보는 정도였는데 그 개선책이라는 게 기껏해야 원주민들을 원주민 보호구역에 밀어놓고 살게 한다든지, 젊은 원주민들을 백인 학교에 보내 이들 부족의 문화에서 분리해서 백인 문화에 편입되도록 한 것 등입니다. 여기에는 원주민들이 오랜 세월 동안 당연하게 지녀온 공동 소유의 사상 또는 철학을 원주민 청년 세대가 버리고 사적 소유의 가치관을 갖도록 집중적으로 시도하는 노력까지 포함됩니다.

1890년대경에 이르러 폭력으로 땅을 빼앗던 시기를 지나면서 백인들은 이제 좀 여유를 가지고 원주민 전략을 펼쳐냅니다. 원주민들에게 동화 정책을 써서 서로 간의 긴장을 누그러뜨리게 하는 겁니다.

이후 오랫동안 원주민들이 백인 지배 아래 놓여 있는 상태에서 벗어나는 것은 불가능했습니다. 1960년대에 이르러서야 비로소 이들 원주민은 자기들 조직을 만들어가면서 지난 역사를 공부하고 자신들의 원주민 문화를 인정할 것을 요구하기 시작한 것입니다.

선생님께서 쓰신 『미국 민중사』에서 1840년대의 한 신문의 문장을 인용하셨지요. 그건 이렇게 되어 있습니다. "보편적 가치를 가지고 있는 백인 양키 국가는 수년 안에 멕시코에 살고 있는 원주민들을 재생시키고 해방시킬 수 있다. 이건 그 아름다운 지역을 문명화시키는 우리 운명의 일부라고 믿는다." 이게 바로 '명백한 운명'인가요?

───── 그 단어는 언론인 존 L. 오설리번(1813~1895)이 처음 사

**명백한 운명**  '명백한 운명'은 언론인 존 L. 오설리번이 1840년대에 처음 사용했다. 그는 "신의 섭리가 원주민들이 살고 있는 땅을 우리가 반드시 차지하도록 이끌었고 이 확장의 과정에서 장애가 되는 이들을 문명화시키는 것이 우리가 신으로부터 받은 사명이다"라고 주장하여, 팽창주의의 종교적 이데올로기를 내세운 것이다. 그림은 존 가스트가 1872년에 그린 것으로 '명백한 운명'을 상징하는 정통적 회화가 되었다.

용했습니다. 그는 "신의 섭리가 원주민들이 살고 있는 땅을 우리가 반드시 차지하도록 이끌었고 이 확장의 과정에서 장애가 되는 이들을 문명화시키는 것이 우리가 신으로부터 받은 사명이다"라고 주장했습니다. 여기서 그 '명백한 운명'이라는 말은 다른 원주민들이 살고 있는 영토에 들어가 그 원주민들을 문명화시키는 것이 미국의 사명이라는 생각을 의미합니다. 그런 관점에서, 멕시코인들은 자기들의 독자적인 자주성을 인정받을 수 없는 비문명화된 존재로 멸시당한 거지요. 이 '명백한 운명'이라는 개념은 단지 멕시코에만 적용되는 것이 아니라 캘리포니아와

오리건 등 서부로 진입해 들어가는 미국 영토 확장 과정에서 전반적인 사유 체계가 되었습니다.

이후 태평양과 리오그란데까지 영토가 확장되면서 아메리카 대륙 내에서의 이동이 한계에 도달하자 이 '명백한 운명'은 해외 팽창으로까지 이어지게 됩니다.

타 지역 원주민들을 문명화시킨다는 개념은 라틴아메리카나 세계 다른 지역들과의 관계에서 지속적으로 적용되어갔습니다. 1898년에서 1899년 사이에 미국이 스페인으로부터 필리핀을 박탈할 수 있다고 여겨졌을 때 윌리엄 매킨리 대통령(1843~1901. 미국의 25대 대통령)은 미국은 이제 이들 필리핀인을 반드시 기독교도로 만들고 문명화해야 한다고 말했습니다.

그런 맥락에서 '명백한 운명'을 내세웠던 1840년대에 미국 사회는 언론의 대체적인 분위기도 그렇고 정치인들도 멕시코가 남쪽에 가지고 있는 영토, 멕시코가 서쪽에 가지고 있는 캘리포니아, 네바다, 뉴멕시코, 애리조나 쪽으로 이동 확장해야 한다는 주장을 연신 해댔던 것을 알 수 있습니다. 그리고 그렇게 하는 명분은 이들 원주민에 대한 문명화 사명입니다. 물론 당연하게도 숨겨진 진짜 동기는 노예제도를 유지할 땅을 확장하는 것이었습니다.

이런 진짜 동기에 대해 알고 있던 노예제도 반대론자들이 있었습니다. 헨리 데이비드 소로(1817~1862.『월든』의 저자로 유명한 시인이자 자연주의자로 일찍이 노예해방을 주장했으며, 그의 사상은 톨스토이, 간디, 마틴 루터 킹 등에 영향을 미쳤다.ㅡ옮긴이)가 그런 인물인데 그는 뉴잉글랜드에서 전개된 노예제도 반대 운동에 참여했습니다. 소로는 그 노예 반대 운동이 일어났던 날 매사추세츠주에 있는 감옥에 갇혀 있었습니다. 멕시코와의 전쟁을 반대하는 뜻으로 세금 납부를 거부했기 때문입니다. 소로가 보기에 이 전쟁은 노예주들과 미국 연방정부가 노예제도를 멕시코의 영토까지 확장하려는 음모였던 것입니다.(바로 이 전쟁과 노예제 반대를 동기로 씌어진 것이 소로의 『시민불복종Civil Disobedience』이다.—옮긴이)

사실 미국이 멕시코와의 전쟁에서 이긴 1848년에 멕시코의 영토 40퍼센트를 미국 땅으로 만들었습니다. 이 땅들은 오늘날 미국의 남서부 지역으로, 아주 비옥하고 중요한 지역이 되었습니다.

그러니 한때 멕시코 땅이었던 애리조나주와 캘리포니아주에 살고 있는 백인 주민들이 지금 경계벽을 쌓아올려 멕시코인들이 그 땅에 들어오는 것을 막으려 드는 것은 역설적입니다. 미국과 멕시코 사이에 전쟁이 났을 때 당시 대부분의 사람들은 어떤 일이 실제로 벌어지고 있는지 알지 못했습니다. 전쟁이 시작되기도 전에 제임스 K. 포크 대통령(1795~1849. 미국의 11대 대통령)이 자기 일기에다가 캘리포니아를 탐내 이걸 어떻게든 미국의 영토로 만들고자 하는 걸 써놓았다는 사실을 몰랐던 것입니다.

대부분의 사람들이 알고 있었던 것은 텍사스와 멕시코 경계에서 군사적 충돌이 있어왔다는 것뿐이었습니다. 리오그란데강과

뉴에이세스강 사이에서 영토 분쟁이 있었고 이 때문에 양측 순찰대가 격돌하기도 했으며 그 과정에서 미국 병사가 살해당했다는 이야기 정도라고 할까요. 이 사건이 벌어지자 포크 대통령은 미국의 영토에서 미국의 병사가 피를 쏟았으니 곧바로 전쟁을 개시해야 한다고 선언했습니다.

하지만 그 사건이 일어난 곳을 미국의 영토라고 확정할 수는 없었습니다. 분쟁 지역일 뿐이었습니다. 그런데도 이런 식의 기만으로 수많은 전쟁들이 일어났던 것입니다. 어떤 경우에는 조작하거나 과장한 사건으로 말이지요. 그런 일은 필리핀과의 전쟁에서도 일어났고, 1964년 통킹만에서도 일어났습니다. 텍사스와 멕시코 사이에서 일어난 국경 분쟁 충돌 사건은 대통령 포크에게는 오랫동안 바라던 바를 이룰 수 있는 기회가 된 것입니다. 멕시코 영토였던 이 지역을 미국의 영토로 만드는 전쟁이 시작된 것입니다.

그런데 전쟁이 진행되면서 노예제 반대 운동의 여파가 영향을 미치게 되었습니다. 보다 많은 사람들이 이 전쟁에 대해서 의문을 가지게 된 것입니다. 일리노이주 출신의 젊은 의원이었던 에이브러햄 링컨은 의회에서 이른바 '사건 장소 확인 결의안Spot Resolutions'을 제출하고, 대통령에게 실제로 미국 병사가 죽은 사건 장소를 명확히 하라는 질문을 했던 것입니다.

이러면서 보다 많은 정치인들이 멕시코와의 전쟁에 의혹을 제기하게 되었습니다. 그러다가 이제는 병사들까지도 이런 질문을 하기 시작했습니다. 이들 병사 가운데 많은 수가 이민자였습니다. 특히 아일랜드 출신의 이민자가 다수였는데 이들은 아일랜드에서의 고단한 삶에서 탈출해 좀 더 나은 경제적 생활과 사회적 지위를 기대하고 있었습니다. 하지만 전쟁은 이들의 기대와는 전혀 다른 현실을 겪게 했던 것입니다.

전쟁이 지속되면서 전쟁의 비참한 현실도 더욱 분명해졌습니다. 피비린내 나는 전쟁과 함께 숱한 젊은이들이 죽어나갔습니다. 그러자 탈영병들이 늘어났습니다. 전쟁 막바지에서 윈필드 스콧 장군(1786~1866)이 멕시코시티로 진격하는 중, 어느 날 아침에 눈을 떠보니 자기 군대의 병사가 절반이나 탈영해버린 사태가 발생했습니다. 또 다른 이야기를 해볼까요. 매사추세츠주 출신의 지원군들이 전쟁이 끝난 뒤 고향으로 돌아왔을 때 벌어진 일입니다. 이들은 자기들 지휘관의 승전을 기리는 식사 자리에 참석했는데 그 지휘관이 입을 열어 연설을 시작하자 곧바로 "우 ~"하면서 조롱하는 외침을 쏟아냈습니다. 그의 부대 절반이 전사한 사태를 비난한 것입니다. 도대체 무엇을 위해 싸운 전쟁인지 모르겠다는 힐난이었습니다.

멕시코 전쟁이 마무리되는 과정에서 멕시코시티에 진입했던 미군 병사들 가운데 일부는 자기들 눈앞에 전쟁으로 벌어진 끔찍한 사태를 목격하고 멕시코 군대 쪽으로 가담해버린 경우도 있습니다. 특히 아일랜드 출신들이 그러했는데 이들은 왜 이런 전쟁에 참전해서 그 무수한 피를 쏟아야 하는지 혼란스러워진 것입니다. 그러면서 이들은 '샌파트리시오 부대San Patricio Battalion'를 결성해, 이민으로 한때 자기들 나라가 되었던 미국과

**샌파트리시오 부대** 1959년 멕시코시티의 샌앙헬에 있는 샌재신토 광장에 설치된 기념 명판으로, "1847년에 침공한 미국의 부당함에 멕시코를 위해 목숨을 바친 영웅적인 샌파트리시오 부대의 아일랜드 군인들을 기리기 위해서"라고 씌어 있다.

전투를 벌이기도 했습니다.(샌파트리시오는 15세기 아일랜드의 성자 성 패트릭Saint Patrick의 스페인어 표기로, 아일랜드 이민자들은 지금도 성 패트릭의 날을 기념하고 있다. ― 옮긴이)

결국 이들 부대 소속의 많은 병사들이 포로로 잡혀 군사재판을 받은 뒤 일부는 처형당했습니다. 하지만 멕시코인들은 지금까지 이 샌파트리시오 부대를 매년 멕시코시티에서 기념하고 있습니다.

미국의 패권을 정당화한 '명백한 운명'이라는 구호, 주장은 그걸

널리 퍼뜨리는 과정에서 어느 정도로 종교적 요소를 담아냈는지 그리고 어떻게 북아메리카 대륙 전체를 장악하기 위한 주장으로 만들어져갔는지요?

_____ '신의 섭리'가 우리로 하여금 다른 종족이 살고 있는 땅으로 들어서게 했다는 생각이 바로 그것입니다. 이 생각은 미국 역사 전체를 관통하는 일관된 종교적 주장입니다. 이는 청교도들이 시작했던 건데, 특히 뉴잉글랜드에 상륙한 종교적인 사람들이 그 씨앗을 뿌렸습니다. 코튼 매더라는 신학자이자 목사인 인물이 원주민들을 학살한 현장에서 이 학살 행위를 축복하면서 이들 원주민은 기독교인이 아닌 이방인이고 신의 섭리에 따라 우리는 이들을 마음대로 죽일 권리를 가지고 있다고 주장한 것입니다. 이렇게 신과 종교를 내세우는 방식은 초기 뉴잉글랜드 이민자들이 남긴 문건에 자주 등장합니다. 식민지 시절 매사추세츠만(이 시기 매사추세츠는 대서양 해안가에 인구가 밀집된 지역이라 매사추세츠만Massachusetts Bay이라고 불렸다.─옮긴이) 식민지의 첫 총독을 지낸 존 윈드롭(1587/88~1649)은 뉴잉글랜드가 '언덕 위의 하나님의 도성(성 아우구스티누스의 『신국론』에서 유래한 개념으로 지상에 건설할 하나님 나라의 개념으로 받아들여져 미국 초기 청교도의 정치신학적 신념으로 작동했다.─옮긴이)'이라는 논리를 통해 이 초기 이민자들의 생각에 동조하고 신학적으로 정당화했습니다.

이들에게 신은 언제나 전쟁을 하는 이들 편에 있고, 적의 편은 아니라고 여겨던 것을 주목해야 합니다. 게다가 이 적이 우리와 같은 신을 믿고 있지 않는 사람들이라고 여겨지면 이런 주장은 더욱 설득력을 갖게 되곤 하지요.

지금까지 말씀하신 것을 어떻게 새롭게 재구성해야 미국의 역사적 신화로 유지되어왔던 것을 바꿀 만한 영향력을 만들어낼 수 있을까요? 원주민 학살, 서부 개척사, 멕시코 전쟁 같은 이야기들을 어떻게 이해해야 미국의 역사적 신화로 굳어져버린 것들을 변화시킬 수 있을까 하는 질문입니다.

_____ 미국의 역사를 새롭게 보는 시각을 갖는 것은 그런 작업에 크게 도움이 될 겁니다. 그건 미국이 세계를 구하는 구세주가 아니라는 걸 생각하도록 만드는 것입니다. 우리는 미국 밖의 사람들에게 민주주의와 문명을 가져다주는 전령이 아닙니다. 우리 자신은 그렇게 특별한 존재가 아니라는 걸 스스로 점검하고 깨우칠 필요가 있습니다. 우리는 신의 섭리로 타자를 지배할 수 있는 특별한 권리를 부여받은 존재들이 아닙니다. 우리는 다른 인간과 다를 바 없는 인간이며, 이 나라가 슈퍼 파워, 초강대국이 되는 것이 꼭 필요한 일이라는 생각을 멈춰야 합니다.

우리 미국은 어떤 점에서는 불가피하게 초강대국일 것입니다. 우리의 부는 막대하고 우리의 기술적 진보는 대단합니다. 그렇다고 해서 우리가 다른 나라를 지배하고 군대를 보내고 다른 나라의 바다에 전함을 파견하고 우리 자신을 위해 다른 나라의 정부가 무엇을 해야 하는지를 결정할 권리는 생겨나지 않습니다.

뭔가 사회적으로 높은 위치에 올라갔거나 거대한 부를 거머

쥔 사람들은 자신이 상당히 중요한 인물이라고 여기고, 그런 부의 획득을 도덕적으로도 우월한 존재가 되는 근거라고 생각할 수 있습니다. 말하자면 거대한 부를 가지고 있는 것이 위대한 선을 행할 수 있도록 해준다고 생각하는 겁니다. 하지만 그러다가 "아, 내가 다른 사람들과 별반 차이가 없구나, 남들보다 특별한 권리를 당연하게 여길 수도 없는 것이고 다른 사람들의 삶을 지배할 권리가 마땅히 주어지는 것도 아니야"라는 각성을 하는 경우도 생겨납니다. 그래야 하는 거지요.

달리 말하자면 우리 미국인들은 우리가 많은 인류 가운데 하나, 다른 나라 사람들과 동등한 나라, 그래서 그들보다 우월하다고 할 수 없는 나라임을 생각하기 시작해야 합니다. 이건 어떤 막대한 심리적 변화를 요구하는 것이라기보다는, 우리 자신이 누구이며 어떤 한계를 가진 존재인지를 솔직하게 인식하는 일입니다. 그건 우리 자신을 자학적으로 모멸스럽게 하지 않아도 할 수 있는 일입니다. 더 많은 시민들이 이런 생각을 가지게 되면, 국가의 정책도 바뀔 수 있습니다. 우리의 전함을 여기저기 세계의 바다 전체에 배치할 까닭이 없습니다. 우리에게는 넘치도록 풍부한 부가 있고, 이걸 선한 목적을 위해 사용할 수 있습니다. 우리 모두의 삶을 보다 낫게 만들기 위해 국내적으로도 선용할 수 있습니다. 그 부로 곤란에 처해 있는 사람들, 지진과 허리케인의 피해자들, 기근에 시달리는 사람들을 도울 수 있습니다.

우리가 지난 100년의 세월을 돌아볼 때, 미국이라는 나라는 안정되고 강력해지고 부유해졌으며 정치도 잘 돌아가고 개인의 권리도 잘 보호해왔다고 여기고 있는데, 꼭 그런 식의 내면적 성찰이 필요한가요? 결국 모든 게 다 잘되고 있다는 생각이 들면 되는 거지, 굳이 그렇게 우리의 역사 의식에 충격을 주는 방식은 도리어 혼란스러운 문제가 생기게 하지 않을까요?

_____ 누구의 관점에서 보는가에 달려 있습니다. 많은 경우, 미국인들은 일상을 잘살고 있습니다. 이 나라는 매우 부유하고 풍요로운 국가입니다. 하지만 4천만 명의 미국인이 의료보험 없이 살고 있습니다. 200만 명의 사람이 감옥에 갇혀 있습니다. 세계 최고의 수감자가 있는 나라 가운데 하나입니다. 이런 것들은 모두 우리 사회가 병을 앓고 있다는 징조입니다.

좌절스러운 삶으로 인해 마약을 하는 것이 불가피해져가고 있다면, 그건 뭐가 분명히 잘못된 것입니다.

우리는 타인을 돌보는 일에 최고의 국가가 아닙니다. 게다가 미국은 선진 산업국가 가운데 유아사망률이 거의 최고 수준을 기록하고 있습니다. 세계보건기구WHO는 품격 있고 평등한 건강 프로그램을 기준으로 볼 때 미국은 전 세계 25위에 해당한다고 했습니다. 우리보다 경제 수준이 못한 나라들 가운데 많은 나라들의 문맹률이 우리보다 낮습니다. 이들 나라 사람들이 우리보다 더 많이 글자를 해독할 능력을 가지고 있다는 말이 됩니다. 우리가 자족하고 자만하다가 어려운 처지에 빠지지 않으려면, 우리 사회의 다른 면모에 대해 눈을 떠야 합니다.

**9·11 테러** 2001년 9월 11일에 미국에서 일어난 테러. 이 테러 이후 미국은 '테러와의 전쟁'을 선포하고, 알카에다 세력을 축출하고 알카에다의 지도자 오사마 빈 라덴을 인도하라는 미국의 요구를 거부한 탈레반을 몰아내기 위해 아프가니스탄을 침공했다. 사진은 2001년 9월 19일 뉴욕에서 성조기가 펄럭이는 가운데 구조대원들이 파괴된 세계무역센터의 잔해 더미 위에서 작업을 하고 있는 것이다.

선생님께서는 군사력으로 다른 나라의 땅을 우리 것으로 만드는 건 미국 자신의 안전과 번영에 도리어 위협이 된다고 지적했습니다. 그런 생각을 받아들여야 우리 자신이 보다 안전해질 것이라고 보는 거지요? 이걸 최근 미국에 대한 테러리스트의 공격을 예로 들어 말씀해주실 수 있을까요?

_____ 미국이 겪은 그 테러는 좀 독특하다고 보여집니다. 사람들은 9·11이 모든 걸 바꾸었다. 그건 미국이 이전에는 결코 경험해보지 못했던 것이었다고들 말합니다. 당연하게도 지난 2001년 9월 11일에 일어난 일은 모든 역사적 사건이 독특했던 것처럼 독특합니다.

다른 한편으로는, 이 사건에서 생겨난 공포가 다른 나라, 다른 국민들에 대한 공격을 정당화하고 있는데 이는 우리가 미국의 지난 역사에서 수없이 되풀이 보아온 바입니다. 아메리카 원주민을 학살한 사건에도 이들에 대한 거대한 공포가 있었습니다.

그런데 그때와 지금의 차이가 있습니다. 그때는 영토 분쟁 자체를 제거하는 것이 거의 불가능했습니다. 하지만 테러의 공포를 사라지게 하겠다고 다른 나라와 전쟁을 벌이는 행위는 불가피한 것이 아닙니다. 이건 그 테러의 원인이 무엇인지, 어떻게 하면 그걸 해결할 수 있는지를 지적으로 잘 따져보면 피할 수 있는 일입니다.

중동에서 미국의 군사적 행동은 테러를 종식시키지 못했습니다. 도리어 중동에 살고 있는 사람들 일부를 테러리스트가 되도록 부추겼을 뿐입니다. 테러를 해결하는 것은 그 근원에 대해 조치를 취하는 것입니다. 테러의 뿌리는 우리가 그걸 인정하고 싶은지 아닌지 간에, 불만에 있습니다. 테러는 그 어떤 불만에 대한 비도덕적이고 광적인 반응이지만, 그 불만 자체는 진실이며 그건 소수의 테러리스트들만이 아니라 수많은 사람들도 느끼고 있는 것이기도 합니다.

그 불만이 그들에게 정당하다면, 우리는 그에 대해 생각해보는 것이 책임 있는 태도입니다. 중동에서 군대를 철수한다든가 이스라엘과 팔레스타인에 대해 지금과는 다른 태도를 취하도록 고민해야 합니다.

우리가 테러로부터 자유롭고 싶다면 중동에 살고 있는 사람들 역시도 다른 형태의 테러에서 자유로울 권리가 있습니다. 그건 전쟁입니다. 전쟁이야말로 테러입니다. 나 자신이 과거 제2차 세계대전 때 폭격기를 조정해 사람들 머리 위에 폭탄을 떨어뜨렸던 적이 있습니다. 그 체험으로 말하는 것입니다. 폭격은 사람들에게 엄청난 공포입니다. 테러 자체입니다. 사람들이 죽어나가고 공포에 질리게 합니다. 전쟁은 규모가 훨씬 큰 테러입니다.

사실 국가기관인 정부가 추진하는 전쟁은 알카에다(9·11 테러를 일으킨 것으로 지목된 이슬람 조직으로 하나의 이슬람국가를 만들기 위해 전 지구적 이슬람 혁명을 일으켜야 한다고 주장한다. 오사마 빈 라덴 등이 1988년 창립했고 서구 세계에 대한 공격이 곧 지하드聖戰를 수행하는 것이라고 믿는 세력이다. 이는 서구 제국주의가 이슬람 세계를 지배하고 쪼개고 침탈한 역사에 대한 반발이기도 하다는 점에서 미국을 비롯한 서구 제국주의가 도리어 이러한 이슬람 테러 조직의 모태라는 비판도 받고 있다.—옮긴이)나 아일랜드 혁명 조직인 IRAIrish Republican Army(아일랜드공화국군으로 정식 군대가 아니라 영국의 지배에 저항해온 민간 부대 또는 의병 조직이다.—옮긴이) 또는 팔레스타인 자살 특공대 정도의 소규모 테러와는 비교할 수 없이 큰 규모입니다. 이들 소규모 집단은 가능하지 않은 규모의 엄청난 테러입니다. 따라서 우리는 테러에 대해 우리의 시각만이 아니라 다른 사람들이 체험하고 있는 테러의 시각으로 새로 다가서야 합니다. 바로 그렇게 해나갈 때 우리의 역사를 새롭게 해석하고 규정해나가는 것이 우리를 안전하게 만들어줄 것입니다.

모든 세대는 각자가 겪은 찰과상과 같은 과거의 상흔이라고 할까,

그런 상처로 현재의 선택을 하기도 하지 않습니까? 또는 아예 아무것도 없는 제로 상태에서 출발하는 경우도 있나요? 과거가 어떤 작용도 하지 않는 상태 말입니다. 아니면 지나간 과거가 우리의 멱살을 붙잡고 현재나 미래의 선택을 권리로 강요하는 일이 벌어지지는 않을까요?

_____ 과거는 중요합니다. 그런데 우리는 과거의 가벼운 찰과상 정도의 상처 자체로 현재를 시작하지 않습니다. 정부 또한 그렇고 경제도 마찬가지입니다. 긴 역사의 여정을 통과하면서 현재의 세계를 만들어낸 어떤 습속에 익숙해지는 과정에서 살아갑니다. 팽창주의를 추구하는 정부는 대외 팽창에 익숙해진 정부입니다. 거대한 이윤을 만들어내는 경제는 그런 이윤 획득에 오래 길들여져온 겁니다. 그런 생각과 존재 방식을 유산으로 물려받아 존속하고 있는 것입니다. 시민들은 어떨까요? 이들에게도 오랜 사회운동의 역사가 있습니다. 이 나라에는 흑인들의 민권운동, 여성들의 운동, 반전운동가들의 역사가 있습니다. 때로 실패하기도 했고 때로 성공하기도 했습니다. 우리는 그 모든 지난 역사의 유산을 지니고 있으며, 우리가 직면한 도전은 그 유산을 가장 건설적인 방식으로 모아 품격 있는 사회를 만들어가는 일입니다.

제2장

# '민중의 봉기와 항쟁'

## 장기 19세기

매사추세츠주의 공장 지대 로웰 타운에 여러 차례 일어났던 총파업의 역사를 돌아보면, 산업혁명에 대해 어떤 생각을 일깨우게 되나요?

———— 여러 가지가 있겠지만, 그 가운데 하나 우리가 알아야 할 것은 산업혁명은 미국의 남북전쟁 이전에 시작되었다는 사실입니다. 대체로 사람들은 미국이 남북전쟁 이전에는 농업사회였다가 그 이후 산업사회가 된 줄로들 여기고 있습니다. 그러나 산업 시스템이 미국의 뉴잉글랜드에 도입된 것은 1820년대입니다. 방직기계가 발명되어 기계로 옷을 만들 수 있게 되면서 시작된 것입니다. 로웰, 로런스 그리고 로드아일랜드 같은 곳이 그렇게 공장 지대가 되어 성장했습니다.

여기서 일하는 노동자들은 대체로 소녀들이었습니다. 나이 겨우 열두 살 정도 되었을 때 공장에 들어갔고 엄청난 노동에 시달려 많은 경우 스물다섯 살 정도면 사망했습니다. 하루에 12시간, 14시간, 16시간은 보통이었고 일주일에 6일 또는 아예 휴일 없이 내내 일했습니다. 아직 어두울 때 일어나 캄캄해진 다음에 귀가했고 점심은 겨우 30분 정도였습니다. 정말 그야말로 그저 생존하기 위해 사는 식이었습니다.

이 소녀들이 공장에 취직한 것은 부양할 가족들이 있기 때문이었습니다. 농촌에서 자란 이 소녀들은 화폐경제가 주도하는 상황에서 공장에서 일할 수밖에 없게 되었고 그 돈을 벌기 위해 일한 것이지요.

이들 소녀 노동자가 받은 돈은 매우 적었습니다. 기껏해봐야 하루에 35센트 정도였는데 이런 상태가 계속되자 소녀들이 드디어 들고일어난 것입니다. 연대 조직을 만들고 신문도 발간하면서 1820년대에서 1830년대에 이르면 총파업을 하게 됩니다. 사태가 이렇게 되자 공장 소유자들은 물론이고, 소녀들이 파업을 하기 위한 회의를 한다는 걸 "여자가 어딜?" 하면서 못마땅하게 여긴 언론들도 경악했습니다. 이들은 여자란 모름지기 산업사회에서 자신들이 있어야 할 곳을 제대로 알아야 한다는 식이었습니다.

하지만 이 소녀들의 투쟁은 놀라운 서사를 탄생시킵니다. 해리엇 로빈슨(1825~1911. 매사추세츠주에 있는 한 방직 공장 여성 노동자였는데, 공장에서 일하다 중간에 고등학교에 들어가 라틴어와 영문학을 공부하고 다시 공장으로 돌아가 여성 노동자들을 위한 독서 클럽을 조직하여 의식화 운동을 시작했다. 그녀는 이후 시인이 되고 여성 참정권 운동에 나서게 된다. ─옮긴이)이라는 소녀는 그녀가 처음 겪었던 총파업에 대한 기억을 남겨놓았습니다. 해리엇은 동료 소녀 노동자들에게, 다른 공장에서도 저임금과 지독한 노동강도 그리고 끔찍한 환경, 목화 섬유로 인한 호흡곤란에서 오는 고통에 질려 파업에 나선다는 것을 알렸습니다.

그녀는 다른 동료들에게 이렇게 물었습니다. "함께 파업에 나설 거지?" 그때 이 뜻으로 사용한 용어는 "현장에 나올 거지?"였다고 합니다. 그래서 "현장에 나올 거지?"라고 물었다고 하는데, 마침 다른 공장 소녀 노동자들이 파업을 시작하려는 순간, 자기 동료들에게 다시 "파업 현장에 함께 갈 거지?" 했는데 아무도 움직이지 않았다고 합니다.

그러자 해리엇은 "나는 간다" 하고 움직이자 나머지 동료들이 일제히 그녀의 뒤를 따라 파업 현장에 갔다는 겁니다. 나중에 이 날을 기억하면서 그녀는 "나는 그날을 지금도 여전히 나의 생애에서 최고의 위대한 날로 기억하고 있답니다"라고 말합니다.

공장 소유주들은 남자 노동자에 비해 소녀 노동자는 훨씬 쉽게 다스리고 지배할 수 있다고 확신했을 것입니다. 그런데 이들 공장 소유주는 이들 어린 소녀에게 일종의 가부장적인 태도를 보이진 않았습니까? 아버지 같은 보호자 행세를 하지 않았나 하는 겁니다. 합창단도 만들어주고 신문 발행도 허가해주고 끼리끼리 친하게 지내도록 하는 바느질 클럽이나 학교 같은 것들도 세워서, 이들 소녀 노동자가 반기를 들지 않고 열악한 노동조건을 견딜 만하게 느끼도록 말입니다.

_____ 공장 소유주들이 이들 소녀 노동자가 공장 밖에서 어떤 활동을 할 만한 시간이 없다 해도 그럴 수 있는 사회적 환경을 제공하려고 애쓴 것은 맞습니다. 물론 이건 이들 소녀 노동자가 자신의 힘든 삶을 그저 아무 저항 없이 받아들이도록 하기 위한 것이지요. 그게 이들 공장주의 입맛에 맞는 방식이었으니까 말이지요.

그렇지 않아도 이 문제는 공장 지대가 있는 곳에서는 어디나 지속적인 논쟁거리였습니다. "이건 노동자들을 공장 소유주가 원하는 대로 하기 위해서 하는 거 아니야?" 하는 빈정거림이 있었습니다. 또는 "그래도 우린 뭔가 이들에게 해줄 수 있는 걸 해주고 있는 것 아니겠는가"라며 마치 인도주의적인 행동처럼 여기게 만들고 싶었던 입장이 한편에서는 있었던 거지요.

이런 식의 태도는 고용주들에게는 매우 오래된 습관이기도 합니다. 20세기 들어서 헨리 포드 같은 인물도 있었습니다. 그는 자신이 공장 작업 라인으로 이들 노동자에게 보다 괜찮은 곳으로 작업장을 만드는 데 노력하고 있다고 여겼습니다. 하지만 노동자들에게 그런 시도가 결코 충분하지도 않았을 뿐만 아니라, 더욱이 어린 소녀 노동자들에게는 그런 시도들이 가당치도 않은 것들이었습니다. 결코 노동자들을 행복하게 해주지 못했습니다. 그러니 이들 소녀 노동자가 반기를 들 수밖에 없었던 겁니다.

이런 여성 노동자들의 운동이 나중에 대중적으로 참정권 쟁취 운동으로 발전해나가는 뿌리가 되었다고 봐도 될까요? 여성들이 자신을 정치 세력으로 의식하기 시작한 뿌리라는 의미에서 말이지요.

_____ 글쎄요. 이 시기는 여성들이 정치적 갈등의 현장으로 나오기 시작한 때라고 할 수 있습니다. 로웰 공장 지대의 파업과 노예제 반대 운동을 이끈 여성 활동가의 등장 그리고 이로써 덩달아 발전하게 된 여성운동이 서로 특정한 조직적 연관 관계를 가졌다고 할 만한 것은 발견하지 못했습니다. 그러나 노예제 철폐 운동과 이후 여성 평등 운동이 서로 밀접한 관계를 가지게 되는 것은 분명했습니다. 돌아보면, 여성들이 노예제 철폐 운동에

참여하면서 자신들의 존엄을 지켜낼 수 있게 된 이후 이걸 토대로 여성운동이 가능했다고 할 수 있을 겁니다.

여성운동이 노예제 철폐 운동 주도자들에게서 처음부터 전적으로 환영을 받았던 것은 아니었습니다. 그 운동에 참여했던 남성들 가운데는 여성의 권리를 아직 인정하지 못한 이들도 있었기 때문입니다. 그래서 영국 런던에서 노예제 철폐 회의가 열렸을 때 여성들은 회의석상이 아니라 발코니에 앉아 있어야 했습니다. 그러나 이 일을 겪고 난 뒤, 미국으로 돌아온 이들 여성운동가는 "이런 취급을 받는 것을 더는 받아들일 수 없다"면서 여성들 자신의 조직을 꾸려나가기 시작했던 것입니다.

이것이 미국에서 여성운동의 뿌리였습니다. 세네카폴스 회의(1848년 뉴욕주 세네카폴스에서 열린 여성 참정권 쟁취 대회로, 이 운동의 시작이 70년 뒤에야 비로소 미국 여성들도 투표권을 갖게 되는 시발점이 된다. 1920년 수정헌법 제19조는 여성도 시민으로서 투표권을 갖는다는 것을 명시했다.—옮긴이)에서 여성들은 독립선언서에 여성을 포함시키는 작업을 하게 됩니다. 남성Men으로 인간을 대표하는 방식에 도전한 것입니다. "모든 남성과 여성은 평등하게 창조되었다." 이렇게 해놓고는 독립선언서 원본이 영국 왕에 대한 불만을 토로했던 것처럼 자기들이 바꿔 쓴 독립선언서를 통해 남성들에 대한 여성들의 불만을 토로했습니다.

'가브리엘의 반란'은 어떤 것입니까? 노예 반란의 역사에서 이 사건은 어떤 위치를 차지하고 있는지요?

_____ 가브리엘은 가브리엘 프로서(1776~1800)의 이름으로 그 성은 프로서입니다. 그래서 정식으로 하자면 '프로서의 반란'이라고 명명해야 하는데 그 프로서라는 이름이 노예주의 이름이었던 겁니다.(흑인 노예의 성이 노예주의 이름을 따서 붙여진 것은 그것이 '소유자 표시의 기능'을 했기 때문이었다. 따라서 성은 그 성을 가진 아무개의 노예라는 의미가 되었던 것이다. 가계의 명칭이 아니었다. 이후 흑인 민권운동의 과정에서 흑인들이 자신들의 조상이 가졌던 이름을 성으로 붙이기 시작하면서 정체성 획득 운동이 벌어졌다.―옮긴이) 그래서 '가브리엘의 반란'이라고 명칭이 붙게 되었습니다. 1800년경 초가 되면 도처에서 흑인 노예들이 거대한 반란의 불을 붙입니다. 그러나 남북전쟁 이전의 노예 반란이 다 그랬듯이 모두 실패하고 맙니다. 그래도 이런 움직임은 적어도 이들 흑인 노예가 자신들이 겪고 있는 삶의 조건을 더는 받아들이지 않는다, 거부한다라는 뜻을 명확히 한 것입니다. 노예 반란은 흑인 노예들이 처음 제임스타운에 실려 왔던 1619년경부터 시작됩니다. 그 역사는 17세기로 거슬러 올라가는 겁니다.

가장 중요한 노예 반란은 1831년에 버지니아주에서 일어난 냇 터너(1800~1831)의 반란입니다. 이 반란은 대단히 강력하게 조직된 운동이었고 수천 명의 노예가 농장을 접수하고 그 땅을

**냇 터너의 반란** 1831년에 버지니아주에서 일어난 '냇 터너의 반란'은 대단히 강력하게 조직된 운동이었고 수천 명의 노예가 농장을 접수하기까지 했다. 하지만 결국 진압당했고 노예 봉기를 이끈 지도자 냇 터너를 비롯해 여러 명이 처형당했다.

장악할 정도였습니다. 폭력적인 봉기였습니다. 노예주들을 살해했고 한바탕 광란의 파도가 일 정도였습니다. 하지만 결국 진압당했고 노예 봉기를 이끈 지도자 냇 터너를 비롯해 여러 명이 처형당했습니다.

이 반란은 남부에서 이런 사태가 또다시 그리고 큰 규모로 일어날 수 있다는 신호였습니다. 그래서 남부의 노예주들은 이런 반란의 기미가 조금이라도 보이면 그대로 진압했고 이런 사태가 일어나지 않도록 노예 철폐를 주장하는 문건들이 돌아다니지 못하도록 단속했습니다.

그러나 1830년대가 되면서 노예제도 철폐 운동이 뉴잉글랜드에서부터 시작됩니다. 윌리엄 로이드 개리슨이 『리버레이터』라는 신문을 발간했고 노예였다가 탈출한 프레더릭 더글러스가 『노스 스타*North Star*』라는 신문을 펴내게 됩니다. 이러면서 노예제도 반대 운동이 미국 전역으로 퍼지게 되는데, 남부는 이런 움직임이 확산되지 않도록 단호하게 대처합니다.

남북전쟁 이전의 노예 반란이 모두 실패했다고 하셨는데 잘 몰랐던 이야기였습니다. 매우 의도적으로 잔인하고 공개적인 방법으로 진압되었는데, 이렇게 하면 어떻게 되는지 본보기를 보인 셈이라고 할 수 있겠습니다. 그렇게 신속하게 반란의 주모자들이 체포되고 공모자들이 법정에서 서로에 대해 불리한 진술을 하기도 했다는데 이런 식이라면 노예 반란이 뭐 그리 위협적인 것은 아니었지 않나요? 백인 노예주들의 입장에서는 모든 권력을 쥐고 있고 총도 있겠다, 주정부의 지원도 있겠다, 도망친 노예들을 쫓는 사냥개도 있겠다, 뭐 하나 두려울 것이 없을 듯한데 왜 이런 노예 반란이 남부 지역 백인 소유주들에게 감당할 수 없을 만큼의 강한 충격이었나요?

반란이 일어나면 권력을 가진 쪽에서는 이 반란이 언젠가는 성공할 수도 있다는 예감을 갖게 됩니다. 반란이 진압되고 실패하는 과정에서 이들 권력자가 동원하는 힘의 규모를 보면 질릴 정도입니다. 그렇게 무섭게 진압한다고 해도 이들 노예주 입장에서는 어떤 불안한 예감이 있기 마련입니다. 이들은 처음에는 아주 사소하고 작은 행동일지라도 언젠가는 아주 쉽사리 대규모의 저항으로 발전할 수 있다는 것을 알고 있는 겁니다. 그래서 미래의 사태를 미연에 방지하기 위해 이들 반란을 진압하고자 그토록 강력한 힘을 행사하는 것입니다.

오늘날에도 이런 권력자의 대응이 존재합니다. 시위할 때를 생각해보세요. 가령, 시위자가 겨우 일곱 명인데 주위를 둘러보면 정부가 파견한 50명의 경찰이 둘러싸고 있는 겁니다. 그러면 일곱 명의 시위자는 이런 의문을 갖게 됩니다. **"뭐가 그리 두려운 거지? 뭘 걱정하고 있는 건가?"**

그런데 말이지요. 말씀드렸다시피 권력을 쥐고 있는 자들은 시위자들과는 달리, 작은 저항의 움직임이 보다 큰 규모의 반란으로 발전해갈 수 있다는 걸 매우 잘 알고 있습니다. 그리고 이들의 이러한 생각은 옳습니다. 사회운동의 역사를 돌아보면, 그건 애초에는 별로 힘이 있어 보이지 않는 조직으로 시작하고, 쉽사리 통제당하고 진압되지만 이내 다시 일어서는 역사의 연속입니다. 그렇게 계속해서 들고일어나 점점 더 커지고, 그런 변화를 권력자들이 미처 알아차릴 사이도 없이 어떤 운동이 펼쳐지는 겁니다. 그렇게 자라난 운동은 매우 중요해집니다.

남부에서 일어난 노예 반란은 수도 없이 계속해서 매우 단호하게 진압당했습니다. 그러나 그렇게 한다고 사태가 해결된 것은 아니었습니다. 잠시 통제되면서 이들의 분노가 사그라든 것처럼 보이기도 하고 그렇게 억압받으면 일단 뒤로 물러나 어쩔 수 없다고 여기고 마는 것처럼 보입니다. 그 상태로 체념하고 만족하고 있다고 보이는 것입니다. 하지만 사실은 안으로는 분노가 끓어오르고 어떤 결정적 순간을 기다리고 있는 것일 뿐입니다. 결국 남북전쟁이 터지면서 이들 흑인 노예는 농장에서 탈주할 수 있는 기회를 마침내 얻게 되었던 것입니다.

남북전쟁 이전으로 돌아가보자면 이런 식의 갑작스러운 노예 반란에 따른 분출 행위나 폭력의 발생 같은 것말고, 일상적인 방식으로 흑인 노예들의 저항도 더 늘어나고 있었나요?

_____ 그렇지요. 그런 일상적 저항이 존재했다는 사실을 인식하는 것은 중요합니다. 이따금 산발적으로 일어나는 반란만 주목하게 되면, 대부분의 노예들은 자신의 현실을 그대로 받아들인 것으로 결론지을 수 있습니다. 그런데 이렇게 극적인 반란과 같은 방식이 아닌, 참으로 다채로운 여러 가지 방식을 통해 노예들은 저항했습니다. 꾀병으로 일을 하지 않으려 들거나 노예들이 평소 당연히 하리라고 여겨진 방식대로 일하려 들지 않는 경우도 있습니다. 그런데 노예들의 저항 가운데 가장 큰 건 역시나 탈주라고 할 수 있습니다.

그게 바로 '언더그라운드 레일로드'라고 불린 노예 탈출 지원 비밀 조직이 한 일입니다. 노예 생활에서 탈출하고자 하는 흑인은 수도 없이 많았습니다. 그러나 그럴 만한 역량이 되지 못했던 상황에서, 해리엇 터브먼(메릴랜드주에서 노예로 살다가 탈출해 '언더그라운드 레일로드'라는 노예 탈출 운동을 벌였는데, 프레더릭 더글러스도 그녀와 함께 이 운동에 참여한다. 이런 활동으로 해리엇 터브먼은 구약성서에서 노예 생활을 하던 이스라엘 백성을 고대 이집트 제국에서

**해리엇 터브먼과 언더그라운드 레일로드** 해리엇 터브먼은 메릴랜드주에서 노예로 살다가 이후 탈출해 '언더그라운드 레일로드'라는 노예 탈출 운동을 벌였는데, 프레더릭 더글러스도 그녀와 함께 이 운동에 참여한다. 이런 활동으로 해리엇 터브먼은 구약성서에서 노예 생활을 하던 이스라엘 백성을 고대 이집트 제국에서 탈출시키는 해방자 '모세'라는 호칭을 얻게 된다.

탈출시키는 해방자 '모세'라는 호칭을 얻게 된다. ─옮긴이) 그리고 그와 뜻을 함께했던 이들이 남부로 가서 이들 흑인 노예의 탈출을 돕게 됩니다.

남북전쟁 이전에 노예들의 저항이 가장 정점에 달한 때는 도망간 노예들이 1850년에 통과된 도망노예법의 현실에 직면했을 때입니다. 이 법에 따르면 연방정부는 도주한 노예를 체포해서 소유주에게 돌려줘야 할 책임이 있습니다. 연방 관리들은 이 노예들을 주인에게 돌려보내는 대가로, 노예가 자유인이 되는 과정에서 서류 절차상 공무원으로서 받게 되는 돈보다 두 배나 더

받게 됩니다. 그러자 이에 대한 대응책이 노예제도 철폐론자들에 의해 꾸려집니다. 이들은 구조대를 조직해서 도주한 노예들이 연방정부에 체포되면 이들을 구해내는 일을 했던 것입니다.

1850년대에는 이들이 주도한 극적인 구조 사례들이 생겨납니다. 이들 노예철폐론자는 흑인이건 백인이건 일단 조직을 하게되면 경찰서나 법원에 들어가 잡혔던 노예를 구해 캐나다 등지로 보냈습니다.

노예제도 반대 운동이 펼쳐진 지 20년 정도가 된 1850년대가되면 북부에서는 노예제도에 대한 생각들이 바뀌어갑니다. 도주한 노예들을 구해내라고 법정에 들어가는 행동을 하는 등 도망노예법을 위반한 이들을 어떻게 처리할 것인가 하는 문제가 배심원들에게 닥친 것입니다. 그런데 이들 배심원은 점차 무죄를선고했습니다.

노예해방을 주도했던『리버레이터』의 발간자 윌리엄 로이드개리슨, 법률가 웬들 필립스, 프레더릭 더글러스 같은 이들은 애초에 북부 백인들에게 조롱과 분노의 대상이 되었지만, 점차 상황이 달라집니다. 1850년경이 되면 북부의 영향력 있는 인물들이 전면에 나서서 노예제도 반대를 외치게 되었기 때문입니다.

이렇게 감옥을 부수고 탈출을 하는 일들이 도처에서 끓어오르듯일어나면서 과연 노예제도가 지속되어야 할 것인지에 대해 심각한 재검토가 이루어져가지 않았습니까. 이런 식으로 노예제가 하나의 제도로서 계속 존재하는 것이 남부 지역의 경제에 과연 도움이 될 것인가에 대한 질문이 생겨나기 시작한 것입니다. 21세기의 관점에서 보자면 노예제도는 남부 경제에 커다란 의미가 있었던 것이라 할 수 있나요? 그리고 노예제도의 존재가 미국 전체에도 경제적 기여를 했다고 말할 수 있나요?

_____ 목화는 그걸 재배하는 남부만이 아니라 그걸 옷으로 만드는 북부 그리고 이걸 팔고 수출까지 하는 상인들에게 매우 중요한 상품이었습니다. 그리고 남부의 경제는 미국 전역에 중요한 비중을 차지하고 있었습니다.

당시 400만 명가량의 흑인 노예가 있었는데, 남부 목화 재배의 성장과 함께 노예제도의 성장 또한 있었습니다. 노예제도는 남부 대농장 체제에 절대적으로 긴요했습니다. 오늘날 역사학자들 사이에는 노예제도가 경제적으로 의미가 있었는가, 남부 노예 소유주들은 차라리 자유노동을 통해 더 잘살게 되지 않았을까, 와 같은 문제를 놓고 논란을 벌이고 있습니다. 남부 지역이 남북전쟁 이후 흑인들에게 형식상으로는 자유를 주면서도 여전히 부분적으로는 노예 상태로 묶어두는 방식으로 했다면 더 이득이 높을 가능성이 있긴 했습니다.

그러나 과연 노예 소유주들이 그렇게 하려 들었겠는가, 그래서 전쟁을 피할 수 있었겠는가라는 질문이 이어지게 됩니다. 그런데 여기서 심리적인 요소가 언제나 또 하나의 변수입니다. 노예제도가 이윤이 남는 제도인가 아닌가는 문제가 아니었던 것입니다. 귀족의 위치를 지닌 셈이었던 노예 소유주들에게는 대농장 제도가 노예제도 위에 세워진 것이라는 심리에 묶여 있었습니다.

　노예제도로 말미암아 이들은 부를 누리고 거대한 특권과 함께 우월한 지위를 누린 것입니다. 모든 좋은 것을 그렇게 해서 자기 것으로 삼았습니다. 이들은 그런 것이 무너지기를 바라지 않았습니다. 따라서 이런 심리적이고 문화적인 요소도 노예제도의 경제적 측면 못지않게 중요하게 작용했다고 봅니다.

　19세기의 사회이론가이자 작가인 조지 피츠휴(1806~1881)는 『인육제人肉祭(Cannibals All)』라는 베스트셀러를 썼는데, 이 소설에서 그는 북부에 세워진 새로운 공장에서 일하는 노동자나 남부의 목화 따는 흑인 노예나, 노예처럼 묶여 사는 점은 별반 차이가 없다는 식으로 주장하는 바람에 난리가 났습니다. 남부와 북부에 그렇게 유사한 상황이 벌어졌던 것입니까?

_____ 조지 피츠휴가 제기한 논쟁은 만만치 않습니다. 그의 논지는 아주 교묘하게 잘 다듬어진 노예제도 방어 논리입니다. 노예제도를 비판하는 것이 아니었습니다. 그는 "남부와 북부가 각기 노예냐 자유인이냐 하는 문제를 가진 것이 아니다. 우리는 종류가 다른 노예제도를 가지고 있을 뿐이다." 어떻게 보면 그는 마르크스주의자가 등장하기 이전의 마르크스주의자의 면모를 가지고 있기도 합니다. 왜냐하면 그는 북부의 노동자, 북부의 프롤레타리아가 북부의 거대한 산업 체제에 묶인 노예라고 보았기 때문입니다. 그는 자기들은 임금 노예제도를 가지고 있으면서도 남부의 노예제도를 비난하는 북부는 위선적인 것이 아닌가 하고

신랄하게 비판했던 겁니다.(그러니까 서로 같은 처지에 딴소리하지 말라는 논지다. 하워드 진이 이를 마르크스주의적 면모라고 한 까닭은 노예제도를 옹호하면서도 자본주의 체제 내부에서 노동자들을 흑인 노예나 다를 바 없이 노예로 취급하고 있다는 점을 주목한 것이다. —옮긴이) 이런 주장에 대해 얼마나 많은 이들이 남부와 북부에서 호응했는지는 정확히 모르지만 이에 대해 동조하는 이들이 적지 않았습니다.

선생님께서는 1850년대 남부 지역의 경우 1천 명가량의 가문이 70만 명에 달하는 가족들을 지배했다고 하셨는데 그렇다면 왜 소수에게 지배받고 있던 백인 노동자들은 그런 사회제도를 지키겠다고 전쟁에 나선 것일까요?

_____ 그러게 말이지요. 자기들에게 그 어떤 더 나은 삶을 약속하지도 않는 체제를 위해 노동자들이 전쟁에 나간다는 것은 이상하게 여겨집니다. 남부의 경우는 바로 그런 상황을 보여주는 극단적인 예라고 할 수 있습니다.

젊은이들을 상대로 해서 전쟁에 나가야 할 명분, 삶의 목적 같은 것을 제시하면 이들은 쉽게 설득당합니다. 이들이 맞서 싸워야 할 적이 있다고 하면, 그 말에 넘어갑니다. 남북전쟁의 경우에는 북부를 적대적이고 혐오할 만한 대상으로 만들어 전쟁으로 끌고 간 것인데, 그렇게 하는 것은 어렵지 않았습니다. 남부의 지배계급은 북부는 남부가 노예제가 있어서 문명화되지 않았다고 여기고 그 때문에 남부의 분리주의 투쟁을 거부하고 있다고 강조했습니다. 전쟁은 그래서 북부로 말미암아 일어난 것이라고 주장한 것입니다. 이런 식으로 주장하자 노동자들은 자신의 이해와는 도리어 모순이 되는 전쟁에 선동당해버리고 만 것이지요. 남부를 깔보는 북부를 혼내줘야겠다는 식이 된 것입니다. 이런 일이 남북전쟁 시기에 남부에서 일어난 사태입니다.

물론 여기에는 인종 문제도 있었습니다. 백인들의 경우, 자기들이 전쟁에 나서지 않았다면 남부의 흑인들이 들고일어나서 반란을 일으키고 남부 지역을 장악했을 것이라는 이야기를 듣게 됩니다. 바로 그런 점 때문에 400만 명에 달하는 흑인을 우월적으로 지배하기 위해 남북전쟁에 나섰다고 말합니다.

그렇지만 상황은 그런 식으로 굴러가지는 않았다는 걸 이해할 필요가 있습니다. 남군에 속한 젊은 백인 병사들은 전쟁의 유혈 사태가 극심해지고 엄청난 전사자들이 끊임없이 생겨나자 전쟁에 대한 의문을 품기 시작했습니다. 그러면서 탈영자들이 생긴 것입니다. 이런 사실은 그리 잘 알려진 일이 아닙니다. 대부분의 미국인들은 학교에서 이들 남부의 군대는 단호하고 충성스러운 집단인 걸로들 알고 있습니다. 하지만 현실은 그렇지 않았습니다.

병사들의 탈영만이 아니라 후방에 남겨진 병사들의 가족도 들고일어났습니다. 조지아주의 경우, 1863년과 1864년에는 전투에 나간 병사들의 부인과 전사자들의 미망인이 노예 소유주들과 맞서 반란을 일으켰습니다. 이들은 농장주들이 식량에 필요한 작물보다는 이윤이 남는다고 목화 생산에만 몰두하고 있다며 불만을 토했습니다. 그 바람에 자기들 남편은 전쟁터에 나가 목숨을 잃고 있고 자기들은 굶주리고 있는 게 말이 되느냐는 것이었습니다.

남부연합은 남부는 남부대로 따로 살겠다며 북부가 지키려는 연방 체제에서 나오겠다는 '분리주의'로 맞섰습니다. 그러나 이들은 여기에 전적으로 동조할 법한 그 지역 주민들의 충성을 확실하게 얻지 못하고 반란에 직면하기도 했던 것입니다. 그래서 강제징집제도가 도입되었고 남자들은 병사로 차출되어 전쟁터에 보내졌던 것입니다.

19세기의 전쟁은 참으로 많은 걸 바꾸었네요. 지금은 아예 군대가 일상적으로 기지에 주둔하는 상태가 되었습니다. 그땐 사람들이 농장에서 일하고 집으로 돌아갔다가 전쟁이 나면 무기를 들고 싸우는 식이었는데, 농촌 지역에 살고 있는 사람들을 일년 내내 농장에서 빼내 전쟁터로 보내버리면 당연히 기아가 발생하기 마련인 거고 그게 남부에서 현실로 나타난 것 아니겠습니까.

———— 그렇습니다. 게다가 남북전쟁은 새롭고 더욱 가공할 무기를 들여왔습니다.(발사 기능을 개선하고 착검着劍한 장총, 초기 형태인 수류탄과 지뢰 등이 사용되었고 이 전쟁을 통해 미국 군수산업의 기초가 만들어진 셈이 되었다.—옮긴이) 그래서 당시 3천만 명에서 3천 500만 명의 인구에서 60만 명이 전사했습니다. 이는 오늘날 전쟁에서 400만 명에서 500만 명이 죽은 것과 같은 숫자입니다. 전쟁터의 실상은 소름이 끼칠 정도였습니다. 지금이야 사람들이

다쳐도 살 수 있게 만드는 의료 시스템이 있지만, 그땐 없었지요. 마취제도 없는 채 신체 일부를 절단 내는 일은 부지기수였습니다. 이런 상태에서 반란이 일어난다는 것은 그리 놀라운 일이 아니었습니다.

계급 갈등도 전쟁에서 발생했지만 이는 당시의 역사를 이해할 때 잘 인식되지 않았던 사실입니다. 그런 까닭에 그저 남과 북 사이의 전쟁으로만 이해되고 있습니다. 하지만 그건 남과 북, 북과 남의 갈등만으로 이해될 수 있는 전쟁이 아니었습니다. 그건 부자와 가난한 사람 사이의 적대 관계가 존재하는 전쟁이었습니다. 뉴욕을 비롯해서 미국 도처의 도시에서 징집제도에 반발하는 일이 벌어졌습니다. 강제징집이라고 다 전쟁에 나간 것은 아니었기 때문입니다. 부자들은 300달러만 내면 군대 가는 일에서 빠질 수 있었습니다.

그건 북부나 남부 모두 마찬가지였습니다. 부자들은 돈을 내고 징집을 면제받을 수 있었던 것입니다.


남북전쟁의 역사에서 획기적인 전환점은 자유인이 된 이전의 노예 또는 탈주 노예들이 북부 군대에 들어가 싸운 것 아닌가요? 이건 전쟁을 어떻게 변화시켰다고 할 수 있을까요?

_____ 약 20만 명 정도의 노예 출신 흑인 병사가 남북전쟁에 참전했습니다. 이들은 처음에는 백인 지휘관에게 환영받지 못했으나 전쟁이 지속되면서 전쟁에 투입해야 할 병사 충원이 절박했기에 점차 양상이 달라져갔습니다. 위대한 흑인 역사학자 W.

E. B. 듀보이스(1868~1963) 같은 역사학자들은 이들 흑인 병사의 참전이 북부가 남부에 승리를 거두는 데 결정적인 차이를 만들었다고 보았습니다. 이런 기여말고도 이들 흑인 병사의 참전은 북부의 정치적 구조에도 영향을 미쳤습니다. 노예제도와 강제 노동제도를 철폐한 수정헌법 제13조, 평등한 시민권을 보장한 수정헌법 제14조, 참정권을 보장한 수정헌법 제15조를 채택하는 개헌의 의지가 그로써 만들어졌던 것입니다. 따라서 남북전쟁 당시 노예 출신인 흑인 병사의 참전은 단지 군사적으로만이 아니라 정치적으로도 오늘날에 이르기까지 중요한 요소가 되었습니다.

그렇지만 남북전쟁이 흑인 노예를 위해서 또는 그 반대로 이들을 제압하기 위해 싸웠다는 식의 인식이 있었기 때문에 흑인들에 대한 반감도 함께 커지지 않았나요? 사실 이건 역설적인 상황이라고 하겠습니다만. 기존의 결정 기구와 여론 조성 기구 안에서는 흑인 병사들이 북군에 속하는 것을 원치 않는 흐름 또한 있지 않았습니까?

_____ 맞습니다. 그래서 이들이 실질적으로 군인이 되는 데에는 적지 않은 시간이 걸렸습니다. 그러나 워낙 군사적으로 다급했기 때문에 이들을 정식 군인으로 대우하지 않을 수 없게 된 것이지요. 전쟁이 끝나자 이들 흑인 병사는 자신들의 권리와 함께 그에 따른 변화를 요구했습니다. 이런 요구들이 결국 의회에 영향을 끼쳤고 북부 지역이 여전히 인종주의적이긴 했지만 북부

**흑인 병사** 남북전쟁 당시 북군은 자유인이 된 흑인을 군인으로 참전시켰다. 사진은 1863년에 10대로 보이는 흑인과 백인 병사들이 같이 있는 모습이다.

지역의 변화를 가져왔다고 할 수 있습니다.

그런데, 선생님께서는 바로 그렇게 흑인 병사들이 참전하면서 자신들의 자유를 위해 싸우고 그 결과 북부의 여론을 변화시켰다고 하셨지만 그 때문에 문제가 일어나지는 않았습니까? 남부는 이들 흑인 병사가 참전해 싸우자 전율을 느꼈을 법도 합니다. 이런 상황은 미처 주목하지 못했던 셈이 아닙니까?

그렇습니다. 한때 노예였던 흑인들이 자신들과 적이 되어 참전하자 남부 백인들은 경악했습니다. 그래서 흑인 병사들이 포로로 잡히면 그대로 총살해버렸습니다.

그건 결국 이들이 포로로 대접받는 병사로 인정되지 못했다는 뜻이겠군요.

_____  그렇지요. 이들을 '군인'으로 인정하고 대우한다는 것은 이들 남부의 군대에 소속한 백인들로서는 도저히 받아들일 수 없는 불쾌한 일이었습니다.

▌

이제 이야기를 남북전쟁 종결의 시점으로 가서 '해방노예국' 창설에 대해 논해보지요. 전쟁이 끝나면서 흑인들의 갈망에 답해야 한다는 여론이 점차 조성되어갔던 것 아닙니까?

_____  해방노예국은 노예에서 벗어나 자유인으로 살아갈 수 있도록 돕는 작업을 하기 위해 창설되었습니다. 그러면서 여러 가지 약속을 했지만 종국적으로는 실패해버리고 말았습니다. 그럴 수밖에 없었던 것은, 이들 노예 출신 흑인에게 가장 필요한 땅을 줄 수가 없었기 때문입니다. 해방노예국은 남부 지역에 학교를 짓고 이들에게 교육을 제공했지만 노예 신분에서 해방된 흑인들은 경제적으로는 곤경에 처하게 되었습니다. 흑인들은 신분은 자유인이 되었으나 자기 땅이 없으니 전에 노예로 일하던 농장으로 다시 돌아가야 했던 것입니다. 살길이 없으니 선택의 여지가 없었습니다. 그래서 노예 신분은 아니지만 농장에 거주하면서 노동하는 신세가 되고 말았습니다.

한마디로 반은 노예 신분이었던 것입니다. 남부 지역은 이러면서 흑인 관련법을 제정했는데 이 법으로 과거 노예제가 흑인

**해방노예국** 『하퍼스 위클리(*Harper's Weekly*)』 1868년 7월 25일 자의 삽화로, 자유인이 된 흑인들을 뒤에 두고 해방노예국 직원이 가운데에 서서 해방된 자유 흑인들의 권리를 빼앗으려는 성난 백인들에 맞서고 있다.

들의 삶을 옥죄었던 것처럼 이들 자유인이 된 흑인들의 삶을 여전히 억압적으로 지배했습니다.

남북전쟁을 통한 노예해방이라는 명분이 이런 해방노예국을 창설하게 했다고 할 수 있는데, 이걸 만들고 운영한 사람들은 남부와 전쟁을 했고 그러면서 흑인 노예해방이라는 새로운 국가 변화의 열정에 사로잡혀 있지 않았습니까? 그런데 어떻게 해서 이들이 본래 계획했던 것에서 후퇴하고 패배하게 되었던 것일까요? 도대체 어떤 일이 일어났던 것입니까? 어떤 갑작스러운 변화가 발밑에서 일어났기에 해방된 노예들을 위한 토지 분배를 법과 제도로 만드는 일이 불가능해진 건가요?

당시 가장 중요한 사태는 잠시이기는 하지만 흑인들이 정치에 참여하게 되었던 일입니다. 이들은 연방정부군의 보호를 받으면서 수정헌법 제14조와 제15조의 관철을 위해 남부 정치에 참여했습니다. 주의회 선거에 투표할 수 있었던 것입니다. 사우스캐롤라이나 주의회의 경우에는 흑인들이 다수를 차지했을 정도였습니다.

이건 그야말로 '급진적인 재건Radical Reconstruction'이라고 불릴 만큼 괄목할 만한 성취였습니다. 그러나 이런 상황은 북부의 정치 지도자들에게는 그리 유용한 것이 아니었던 것입니다. 이들은 상황이 이렇게 되면서 흑인들에게 권력을 준다는 것은 남부의 농장주 계층과의 관계를 희생시키게 된다는 것을 절감했던 것입니다.

이들 북부 지도자는 미 전역에 걸친 경제를 원했고 남과 북을 잇는 열차 또한 원했습니다. 남부 농장주들과 관계를 가질 수 있는 은행도 필요했습니다. 그런 경제적 관계는 노예 출신의 흑인들을 위해 뭔가 하는 것보다 훨씬 더 중요한 일이었던 것입니다.

이런 인식은 북부나 남부의 정치 지배 세력 모두에게 공히 같은 것이었습니다. 그래서 흑인들을 보호하기 위해 남부 지역에 주둔하게 했던 연방 군대를 철수합니다. 이건 마치, 북부의 백인들이 남부의 백인들에게 "자, 이제 남부를 그대들에게 돌려주겠다. 흑인들의 운명은 남부 당신들 손에 달렸다"고 하는 것과 다를 바 없게 된 것입니다.

남북전쟁 초기에는 링컨의 경우 이 전쟁은 흑인 노예해방을 위한 전쟁이 아니라 분열의 위기를 겪는 미국을 구하기 위한 것이라고 주장했습니다. 그러나 전쟁 후반기에 들어서서는 노예제도를 종식시키는 것이 모두가 합의하는 북부의 계획 가운데 하나라고 명백하게 말합니다. 그렇다면, 전쟁이 끝나고 재건 시대가 시작되면서 상황이 바뀌니 다른 논리를 내세워 결국 연방 체제나 선거와 관련된 정치적 고려나 흑인들의 인권보다는 경제적 이해관계가 압도하게 되었다고 할 수 있나요?

───── 그렇습니다. 경제적 이해관계가 압도하지요. 경제 시스템, 사회 시스템을 주도하는 이들에게는 대체로 인권은 우선적 가치가 아닙니다. 그건 그게 필요할 때만 유용한 것입니다.

남북전쟁이 종료된 이후 잠시 동안은 흑인들에게 투표권을 주는 것이 북부의 정치 지도자들에게는 유리한 일이었습니다. 그래야 북부가 권력을 쥘 수 있었기 때문입니다. 흑인들에게 투표권을 주는 것은 공화당 후보가 당선되도록 하는 데 유리했던 것입니다. 남북전쟁 후 북군의 장군 율리시스 S. 그랜트(1822~1885)가 남부에서도 흑인들의 투표권 행사로 생긴 차이로 대통령에 당선되었습니다. 그러나 이런 식의 정치적 이해관계가 슬슬 사라지자, 경제적 이해관계가 주도하게 되었던 것입니다.

1876년의 대통령 선거에서는 공화당과 민주당이 접전을 벌였습니다. 전체 득표로 보면 민주당이 승리했지만, 몇 개의 주에서 개표 문제가 발생했습니다. 민주당 대선 후보 새뮤얼 틸든

(1814~1886)이 20만 표 정도를 더 이긴 것으로 나왔지만 개표 문제가 해결되지 않아 대통령이 될 수 없었습니다. 이 과정에서 공화당과 민주당 사이에 타협책이 나왔습니다. 그건 이런 내용이었습니다. "자, 사태가 이리되었으니 득표로는 뒤졌지만 공화당 후보 러더퍼드 버처드 헤이스(1822~1893)를 대통령으로 하는 대신에 남부에서 연방군을 철수하는 걸로 퉁치자."

이 결정은 흑인들의 삶을 불리하게 만드는 전환점이 되었습니다. 북부 정치 지도자들에게 흑인은 더는 자기들의 정치적·경제적 이해관계에서 필요가 없게 되었다는 신호였기 때문입니다. 이러면서 1870년대부터 20세기에 걸쳐 남북전쟁 이후 남부에서 흑인들의 처지가 매우 악화된 시기가 시작되었던 것입니다.

선생님의 견해에 따르자면 남부의 흑인들은 더는 굴종 없는 노예로부터 벗어나려 했지만 결국 자유가 없는 해방을 맞이하게 되었다는 것이 되는군요.

_____ 정확히 말하자면 바로 그렇습니다. 바로 그 시기가 그런 역설적이고 극적인 변화를 초래했던 것입니다.

1868년에 흑인 목사 헨리 터너(1834~1915)가 흑인들의 투표로 조지아 주의회 의원으로 당선됩니다. 그렇지만 테러 위협으로 주의회에서 축출될 운명에 처하게 됩니다. 이때 그가 행한 탁월한 연설이 역사의 기록으로 남아 있습니다.

남북전쟁이 끝나고 시작된 재건 시대에 흑인들은 노예로부터 해방이 되어 자신들의 미래의 가능성을 보게 됩니다. 그보다 앞서서는 프레더릭 더글러스가 그랬고 이번에는 헨리 터너가 그런 경우에 해당될 수 있었습니다. 그는 주의회 연설에서 이렇게 말합니다. "나는 당신들이 나의 인간됨을 빼앗아가도록 하지 않을 것이다." 그러나 결국 그는 주의회에서 쫓겨나게 됩니다. 그 뒤 한참 지나 1960년대 베트남 전쟁 시기, 조지아 주의회는 흑인 정치 지도자 줄리언 본드(1940~2015)를 반전 활동을 했다는 이유로 축출하고 맙니다.

∎

이렇게 역사를 듣고 보면, 탈주 노예, 로웰 지역에서 파업을 주도했던 소녀들, 남부에서 빵을 달라고 봉기했던 사람들, 남군에서 탈영한 병사들, 노예 출신 흑인들의 자유를 위해 일했던 해방노예국의 공무원들 사이에는 그 어떤 유전자가 서로 통했던 것은 아닌가 싶기조차 합니다. 이들은 19세기의 역사에서 하나로 묶이지 않습니까?

_____ 이들을 하나로 묶은 것은 굴종의 상태에 그대로 있지 않고 이걸 거부하겠다는 사람들의 끈질긴 투쟁이라고 할 수 있습니다. 노예 소유주, 공장 소유주, 정부의 거대한 권력 앞에서도 힘이 없는 사람들이 굴종적인 현실을 받아들이지 않겠다는 주장을 펼치는 것은 미국 역사 전반에 걸쳐 흐르는 하나의 맥락입니다. 이건 대통령이나 의원들과 같은 정치 지도자, 대법원 판사, 산업사회 주도자 그리고 이른바 이 사회에서 유력한 인물들의

관점에서는 대체로 인식되지 않는 미국사의 면모입니다.

우리는 이런 역사의 흐름을 하나로 모아 인식하는 것이 중요하다는 것을 깨달아야 합니다. 만일 그러지 못한다면, 우리 스스로 우리 시대의 저항운동에 참여할 수 있는 정신적 힘을 상실하고 말 것이기 때문입니다.

선생님의 『미국 민중사』를 읽고 나서 제게는 남북전쟁이 19세기 중반을 종지부 찍은 거대한 사건이라고 받아들여집니다. 그러나 그렇다고 해서 이 전쟁 이후 많은 것이 보다 자유로움을 얻는 변화의 촉진제였는지, 아니면 그와는 달리 권력을 쥔 자들이 더욱더 자신들의 권력을 다지는 시작인지는 잘 모르겠습니다.

_____ 남북전쟁은 그 두 가지 다를 의미하게 됩니다. 한편으로는 노예해방으로 획기적인 시대를 열었지만, 다른 한편으로는 남부와 북부가 서로 연합해서 지배 세력의 권력을 다지는 정치 체제를 만들어갔기 때문입니다. 그래서 민주당과 공화당이 초당파적으로 협력하는 오랜 역사를 시작하는 출발점이 되었습니다. 이 두 당은 권력을 놓고 누가 장악할 것인가로 경쟁하는 사이이지만, 부자와 특권을 가진 자 들이 우리 사회를 지배하는 권력을 계속 유지하는 데에는 근본적으로 서로 차이가 없습니다. 그래서 이 시기는 지금 우리 사회를 주도하는 경제적 요인이 싹트는 시기이기도 합니다.

또한 백인들이 아메리카 원주민들의 땅을 빼앗는 권력을 더욱 굳건히 하게 되는 시기였습니다. 놀랍게도 남북전쟁 시기가 미국 역사에서 그 어느 때보다 원주민들의 땅을 백인들이 더 많이 가져가는 때였습니다.

하지만 이 시기는 그런 암담한 현실만이 아니라, 이에 대한 저항이 일어나고 이를 조직화하는 운동이 시작된 때이기도 합니다. 19세기는 북부에서 노동운동이 일어나고 폭력적인 파업과 하루 여덟 시간 노동시간 쟁취 운동도 벌어지는 시기였습니다. 달리 말하자면, 상류층이 자신들의 권력을 굳건히 하면 할수록 계급적 갈등은 더욱 심각해졌고 이에 대해 노동자와 농민이 뭔가 자신들을 위해 조직을 결성해야겠다는 결단을 하게 되었던 것입니다.

남북전쟁 이후의 시기를 돌아보면 미국 정치에 이상주의가 상당한 정도로 도입되는 것을 보게 됩니다. 남북전쟁 이후 수정헌법이 만들어지기도 하고 해방노예국과 그 밖에 노예 문제를 해결하기 위한 자발적인 정부 지원책들이 나오게 됩니다. 그런데 도대체 이런 이상주의가 이후에는 어떻게 되고 만 것입니까?

─────── 수정헌법 제13조, 제14조, 제15조 같은 것들을 만들어낸 이상주의는 정치경제적 이해관계 속에서 허물어지게 됩니다. 그 이상주의는 애초에는 현실주의적 필요성과 정치적 이해관계로 부분적으로는 유지되었습니다. 북부 사회의 지배 세력들이 흑인들과 잠정적으로 연대해서 생겨난 이득 때문이었습니다. 그러나 그보다는 이들 북부 지배 세력이 남부의 백인 지배 세력과 손을 잡고 가는 게 더 낫다고 여기게 된 순간부터 그 이상주의는

사라지기 시작했던 것입니다.

그런데 노예 출신 흑인들과 인종차별 문제를 해결해야 한다고 생각했던 북부의 시민들에게는 그와 같은 이상주의가 소멸하지 않았습니다. 물론 군사적·경제적 지배 세력의 힘과 산업자본주의 사회의 분위기 앞에서 이런 이상주의가 점차 묻히고 말았지만 말이지요. 미국이 경제적으로 거인이 되는 과정에서 그런 이상주의는 압도당하고 말았기 때문입니다. 하지만 철도, 은행, 유전, 광산 산업 등 북부에서 발전한 거대한 경제적 위력에 대해 사람들이 저항하는 것은 시간문제였습니다. 그렇게 되기까지는 얼마 걸리지 않았습니다.

남북전쟁 이후 경제는 엄청나게 발전합니다. 거대한 시장이 조성되고 새로운 기술 발전으로 경제성장은 어마어마해졌습니다. 그러는 가운데 이 새로운 산업사회에서 노동하는 노동자들이 이에 대해 저항하고 반격을 취할 수 있는 충분한 역량을 모아나갈 수 있게 되었습니다.

선생님께서는 노예제 철폐론자들이 남북전쟁 시기에 사회의식을 새롭게 이끌어나가는 데 중요한 역할을 했다는 점을 높이 평가하십니다. 그런 운동을 주도했던 이들 가운데 적지 않은 인물들이 남북전쟁 이후에도 활동을 했고 이들이 만들었던 조직과 구조가 남부 지역에서 학교와 직업훈련학교 같은 것들을 그대로 유지하게 했습니다. 그런데 그렇게 한때는 큰 역할을 했던 운동이 남북전쟁이 종료된 이후인 1860년대에서 1870년대에는 그다지 존재감을 드러내지 못했습니다. 왜일까요?

_____ 1860년대와 1870년대에 이들은 승리에 대해 오산을 했던 것입니다. 노예제도를 일단 멈추게 했다, 수정헌법 제14조에 따라 인종적 평등을 이루어냈다, 수정헌법 제15조에 따라 모든 미국인에게 인종차별 없이 투표권을 부여했다, 등의 사실에 이들 개혁주의자나 급진주의자 들은 자기들이 승리했다고 착각한 것입니다.

개혁 운동은 공통적으로 이 승리에 취했다가 결국 이런 식의 승리로는 진짜 승리가 오지 않는다는 것을 나중에서야 깨우친 것입니다. 남북전쟁 이전에도 권력을 쥐고 있던 자들에게 여전히 권력이 쥐어져 있는 상황에서 진정한 승리는 이루어지지 못한다는 것을 알게 된 것이지요.

수정헌법 제13조, 제14조, 제15조를 통한 개혁의 흐름이 그저 피상적인 변화일 뿐이라는 것을 깨닫는 데에는 시간이 좀 걸렸습니다. 이 수정헌법들은 문자로 명문화되긴 했으되, 실제로 일상에서 현실이 되지는 못했던 것입니다. 정부는 그걸 강제할 힘이 있었지만 그렇게 하지 않았습니다.

이런 상태는 이후 '제2의 재건 시대'라고 불렸던 1960년대와 유사합니다. 이 시기에 남부에서 일어난 흑인 민권운동은 전국적인 승리를 거두고 있었습니다. 그 결과 1964년에는 민권법 통과를 이루어냈고 대법원에서 인종차별 철폐와 관련한 판결도 얻어냈습니다. 흑백 분리 정책에 대한 법적 철폐도 해냈습니다. 그러나 이런 것들은 그저 피상적인 승리에 불과하다는 것을 알게 되었습니다. 이런 조처들은 실제 흑인들이 겪고 있는 삶의 현실과 직접 만나지 못했습니다. 이들의 경제적 형편을 바꿔내지 못했던 것입니다. 궁극적으로 보자면 19세기나 20세기 두 번의 재건 시대에서 지금까지 굴종적 상태에 처해 있던 사람들의 삶에서 정치적 개혁이 진정한 의미를 지니고자 한다면 관건은 역시 경제력이었던 것입니다.

▮

이제 19세기에 일어난 포퓰리즘(인민주의 운동)과 농촌의 급진주의 운동에 대해 알아보지요. 이 운동을 주도했던 사람들은 누구였나요? 이들이 제기한 불만은 어떤 것이었습니까?

_____ 보통 우리는 농민은 급진적일 수 없다고들 생각합니다. 하지만 상황이 달라지면 농민도 얼마든지 급진적이 될 수 있습니다. 미국 경제가 발전하면서 철도는 소수의 손에 독점됩니다. 산업화되는 농업 시스템 속에서 일단 농토로부터 생산물이 나오는 순간부터 그 모든 과정을 지배하는 엄청난 부자들과 비교할 때 농민들은 자신이 무력하다는 사실을 알게 됩니다. 이들이 지은 작물은 곡물 저장고에 저장되고 철도를 통해 소비자에게 운반됩니다. 농민의 손에서 벗어난 유통 과정입니다. 농민은 산업화된 농업 시스템에 필요한 기계를 비싼 값을 주고 사야 하는데 독점가격에 대해 대응할 방법이 없습니다. 연방정부도 높은 가격을 정해버리는 독점기업들에 대한 통제를 하지 않습니다. 그

러니 농민은 독점가격을 그대로 지불해야 하고 이들 독점기업은 다른 경쟁에 대한 부담을 느끼지 않고 계속 높은 가격을 부를 수 있었던 것입니다. 반면에 농민들은 자신들의 작물에 대해 고가를 매길 수 없었습니다. 이런 현실의 틈바구니에 끼어 농민은 매우 어려운 경제적 형편에 놓이게 되었던 것입니다.

그러자 이들 농민은 개인으로는 이 강력한 경제 세력들, 철도 자본, 대출이자를 결정하는 은행에 대항할 길이 없다는 것을 깨닫게 됩니다. 이런 사태를 바꿀 수 있는 유일한 길은 이미 1860년대와 1870년대에 노동자들이 노조를 조직하고 파업에 나섰던 것처럼, 농민들도 함께 힘을 모아 조직하는 방법밖에 없다는 것을 알게 됩니다.

1870년대와 1880년대에 농민들도 조직화를 시작합니다. 서로 연대하면서 여러 주에서 정치적 세력이 되어갑니다. 이렇게 남부와 북부의 농민들이 연대 조직을 꾸려나가면서 전국적인 정당을 조직하기로 합니다. 그래서 만들어진 것인 '인민당People's Party'입니다. 이는 이후 '포퓰리즘'이라고 알려지게 됩니다.

인민당은 각 주 단위에서 후보들을 내고 1890년대에 이르면 많은 후보들을 당선시킵니다. 그러면서 이 포퓰리즘(포퓰리즘은 오늘날 대중인기주의로 번역되고 가령 정적을 비난하는 경우 원칙 없이 대중의 입맛에만 맞추는 태도를 가리키는 말이 되었지만, 원래는 인민의 이익을 앞세우는 민주주의 운동이라고 할 수 있다. 이런 인민주의 운동의 기세가 강력해지자 이를 대자본이 소유한 언론들이 공격하면서 그 본래의 의미가 왜곡되어버리고 말았다.—옮긴이)은 미국사에서 매우

**포퓰리즘** 포퓰리즘은 대중의 입맛에 맞춘 인기몰이식 정치로 비하되고 있으나 실제 그 현실은 빈부 격차에 따른 노동자, 농민들의 정치적 결속에서 시작된 것이다. 인민당의 출현은 강자 위주의 계급 정치에 타격을 주었으며 이후 대자본이 쥐고 있는 언론들이 포퓰리즘을 깎아내리는 여론 조작을 한 결과 인민의 이익을 먼저 앞세우는 포퓰리즘 정치는 애초의 뜻을 잃어버리고 말았다.

위대한 사회운동의 하나가 됩니다.

이들은 그저 전국 단위의 대회를 열고 후보를 내는 정도로 그치지 않았습니다. 이들은 하나의 문화 세력으로 힘을 모아갔습니다. 남부 지역에서 수많은 신문을 냈고 강연을 했습니다. 그 이전에는 생각지도 못했던 농민들의 집결이 이루어졌고 이들은 뭔가를 해냈습니다. 이러면서 한동안 이들은 흑인과 백인 농민들을 하나로 단결시키고 당시 독점 체제가 된 거대한 자본의 힘 앞에서 자신들을 지켜내기 위한 입법도 했습니다.

선생님께서는 『미국 민중사』에서 규제받지 않는 산업자본주의 체제에 대해 말씀하시기도 했고 그와 더불어 금본위와 은본위에 돈이 연동된 시대도 말씀하셨습니다. 산업자본가들과 은행을 위해 만들어진 규칙은 농민들처럼 은행 대출에 상당히 의존해서 살아야 했던 사람들에게는 제대로 도움이 되지 않았던 것 같습니다. 19세기 말 미국사에서 최대의 논쟁 가운데 하나였던 금본위제도와 화폐제도도 문제였지 않았습니까. 이 문제가 농민들 개개인에게는 어떤 영향을 미쳤다고 할 수 있나요? 또는 화폐와 금본위제도, 은본위제도의 연동 문제가 있건 없건, 미국 중부 지역의 농민들에게는 이 시기 어떤 변화가 있기는 했던 건가요?

_____ 금본위제도에 돈이 연동되었던 상황에서는 돈 자체가 희귀해서 빚을 진 입장에서는 그걸 갚을 방법이 쉽지 않았습니다. 그러니 자연히 빚에 쪼들렸습니다. 돈이 제대로 융통되지 않으니 그런 결과에 이를 수밖에 없었던 거지요.

한편 농민들의 입장에서는 인플레이션이 유리했습니다. 인플레이션은 소비자의 입장에서는 불리하지만, 빚이 있는 형편에서는 인플레이션 상태에서 빚을 갚을 수 있는 돈이 좀 더 많이 유통되기 때문에 괜찮은 거지요.

미국독립전쟁 시기로 돌아가보면, 이때는 농민들이 금본위제도에 연동되지 않는 화폐를 찍어내라고 요구했었습니다. 이 시기는 금보다 은이 많아 은본위제도였던 때였습니다. 그래서 농민들은 은본위제도 아래에서는 빚을 갚는 일이 용이하다고 여겼던 것입니다. 그랬기에 인민당은 금본위제도를 주장한 정당과 대치했습니다.

선거에서 인민당은 은본위제도를 내세웠던 것이고, 농민들은 금융체제에 대한 이해가 부족했지만 이러한 주장에 매력을 느껴 인민당 지지자로 집결했습니다. 이때 나온 구호가 "은화를 자유롭게 주조하라!Free Silver"였습니다.(당시 아메리카 대륙 여러 지역에서 이루어진 대규모 은광의 발견이 은의 대량 생산을 가져와 은의 가격이 내려가면서 빚을 갚는 일이 상대적으로 쉬워졌다. 그러니 채무에 시달리고 있던 노동자와 농민 들은 당연히 이런 입장을 내세운 인민당을 지지했다.―옮긴이) 그런 까닭에 농민들을 기반으로 했던 인민주의 운동은 1896년 대선에서 바로 그 은화 자유 주조를 내세웠던 민주당의 후보 윌리엄 제닝스 브라이언(1860~1925)을 지지하고 나섰던 것입니다.

거참 재미있군요. 미국 전체의 정치판 이야기를 하시면서 돈 또는 돈의 가격이나 그 기반에 대한 걸 말하는 이는 없었다고 하셨는데 농민들의 상황에 가면 달라지네요. 1880년대와 1890년대에 농민으로 살아간다는 것은 돈이 어떤 제도적 기반 위에 있는가가 그대로 직결되니 말입니다.

_____ 정치 지도자의 입장에서는 사람들이 돈에 대해 너무 깊이 생각하는 것이 별로 유리한 일이 아닙니다. 오늘날에도 예를 들어, 세제稅制로 인해 불리한 입장이 되는 노동자들이 세금 제도의 복잡성을 잘 이해하고 있는 것은 아닙니다. 노동자들이 세제에 대해 잘 모르는 상황은 세금 제도를 만들어 공포하는 사람들에게는 유리한 겁니다. 돈을 둘러싼 신비로움은 노동자들의

힘을 약화시켜갑니다. 그런데 포퓰리즘이 적극적으로 전개되던 19세기의 그 시기는 농민들이 돈의 문제와 그 작동 방식에 대해 의식하게 된 상당히 이례적인 시기라고 할 수 있습니다.

정말 이례적인 시기라고 할 수 있네요. 한 20년 정도 지속된 이 운동은 계급적 기반을 가지고 흑백이 서로 혼합되는 걸 지향하기조차 했습니다. 상당히 성공을 거둔 셈이었지요. 그런데 왜 종국적으로 실패했던 걸까요?

_____ 포퓰리즘 또는 인민주의 운동 그리고 인민당이 실패한 것은 그 에너지를 온통 정치와 정치 캠페인에 쏟아부었기 때문이라고 봅니다. 1896년 민주당의 대선 후보 윌리엄 제닝스 브라이언을 지지하는 일에 힘을 과도하게 집중하는 바람에 그가 낙선하면서 인민당도 함께 몰락하고 말았습니다. 운동의 에너지를 정치 무대, 선거제도에만 쏟아붓게 되면 직접행동 그리고 현장에서의 운동이 약화되고 맙니다. 노동자들의 파업도 크게 판을 벌이지 못하게 됩니다. 물론 이론적인 차원에서 그렇다는 겁니다. 사실 역사의 현장에서 일어나는 일은 그 원인과 결과가 매우 복잡합니다.

이런 상황을 선생님께서는 책에서 "민주정치의 거대한 바다에 익사했다"고 말씀하셨습니다. 그러나 인민주의 운동이나 인민당의 입장에서는 그런 전략이 정당했던 것 아닌가요? 금본위제도나 은본위제도 논쟁으로 생겨난 주조鑄造 문제로 인해 곤란을 겪게 된 농민들의 부담을 덜어주기 위해서는 체제 변화가 필요했고 그걸 위해서 의회에 소속된 정치인, 주지사 등이 있어야 하지 않았나요?

_____ 운동이 가난한 사람들, 노동자와 농민 들에게 도움이 되는 새로운 입법을 할 수 있는 위치에 있는 정치인을 가지는 것은 매우 필요합니다. 그러나 그게 다른 투쟁 방식을 훼손시켜가면서 하는 것은 생각해볼 일입니다. 가령 어떤 한 영역에 너무 집중하게 되어 그 영역에서 실패나 패배, 그러니까 선거에서 패배하는 것 같은 상황에 직면하면 운동 자체가 급작스럽게 유실流失될 수 있습니다. 그러면 운동이 무력해지고 말지요.

따라서 운동은 대단히 복잡하고 섬세한 전략이 필요하다고 봅니다. 정치나 선거는 투쟁의 한 영역이 되어야지 그게 전체를 지배해버리면 안 된다는 것입니다. 사회운동에 관여하는 사람들이 정치 캠페인에 과도하게 의존하는 사태가 벌어지면 자칫 매우 소중한 것을 희생시킬 수 있습니다. 그런 투쟁 과정에서 어떤 법안을 통과시키게 되면 사람들은 자신들의 삶의 조건을 달라지게 할 수 있다는 환상에 빠지게 됩니다. 삶의 조건을 변화시키는 것은 입법 이상의 투쟁이 요구되는 것입니다.

인민당의 등장과 농민 조직의 강화 못지않게 노동자들의 투쟁도 한결 강화되어 나타납니다. 이들 노동자는 자신들이 처한 삶의 조건에 문제를 제기하기 시작한 것입니다. 물론 그 이전에도 있긴 했으나 19세기 후반에 이르면 이들 노동자의 조직과 저항은 보다 조직화되고 지속적이었으며 좀 더 폭력적인 성격도 지니게 되었습니다. 왜 그렇게 된 것인가요? 그리고 미국사에서 왜 그 시기에 이런 변화가 있게 된 거지요?

_____ 남북전쟁 이후 등장한 노동운동은 당시 조성된 산업체제의 새로운 조건과 광산의 끔찍한 노동환경에 대한 직접적인 대응이었습니다. 산업화의 과정은 공장 노동을 보편화시켜갔으며 정부의 규제가 없었습니다. 광산 산업의 경우 특히 그랬는데 이곳은 노동자들을 위한 그 어떤 안전장치도 없었던 것입니다. 경제성장은 괄목할 만했지만 그에 반비례해서 노동자들의 삶의 조건은 더더욱 팍팍해져갔습니다. 이러한 상황은 1860년대 대륙간 철도가 건설되면서 더 심해졌습니다. 이주 노동자, 특히 중국과 아일랜드 출신의 노동자들은 매우 비참한 노동조건 아래 장기간의 노동에 시달렸고 그로 인해 수천 명이 죽어나갔습니다.

이러면서 산업 시스템은 잔혹해져갔습니다. 광산, 제강製鋼 공장, 정유 공장, 일반 생산 공장, 육류 포장 공장 등의 노동 현장 조건은 비인간적이었습니다. 새로운 산업 경제는 보다 많은 이윤을 취하고자 했고 그러기 위해서 노동자들의 노동강도는 높아지고 노동시간은 더 길어졌습니다. 이들에게 주어지는 임금은 최대한 깎아내렸습니다. 노동자들의 안전을 지키는 장치를 설치하는 것도 돈이 드는 일이라 노동환경은 열악하기 짝이 없었습니다. 광산을 비롯해 카네기의 제강 공장, 록펠러의 정유 공장 그리고 미국 전역의 공장 환경은 비참했습니다.

하지만 광산, 공장, 철도에서 일하는 노동자들은 서로의 처지

**노동기사단의 휘장** 노동기사단은 1869년 미국 중부 지역 노동운동의 산물이며, 그 선구적 역할로 미국 노동운동사의 획기적인 계기를 만들어냈다. 노동기사단은 농민들과도 연대해 포퓰리즘 운동에 큰 동력이 되었다.

에 대해 이야기를 나누기 시작했고 노조를 결성하는 운동을 펼쳤습니다. 남북전쟁 이후 이런 노조 결성은 미국 전역에 전개되어갑니다. 특히 '노동기사단The Knights of Labor'은 전국적인 조직이 됩니다. 이런 상황은 당시 노동자들이 직면했던 현실을 반영하는 것으로, 애초 이 조직은 비밀 조직으로 운영되었습니다. 그렇게 하지 않으면 고용주들의 분노를 사서 노동자들이 힘들어지기 때문이었습니다. 만일 그런 낌새라도 발각되면 노동자들은 해고를 당했고 그에 따라 조직 활동은 지하로 숨어들었습니다. 하지만 일정하게 세가 생기면 수면 위로 올라와 드러내고 조직을 강화했고, 노조 가입을 이유로 노동자가 해고당하면 그런 고용주를 상대로 파업도 벌여나갔습니다. 보다 위협적인 조직으로 커갔던 것입니다.

1877년의 총파업은 미국 역사상 가장 폭력적인 사태였습니다. 동부 지역 철도 노동자 전체에 파급되고 영향을 미쳤는데 이 총파업 과정에서 노동자와 군대, 경찰의 충돌로 인해 100여 명이 사망했을 정도였습니다.

1880년대와 1890년대에 들어서면 보다 많은 파업이 일어납

**전국적인 철도 노동자 총파업** 1894년 풀먼 팰리스 자동차 회사의 파업에 참여한 전미 철도노조 조합원들이 시카고에서 일리노이 주방위군들과 대치하고 있다.

니다. 1890년대 초에는 드디어 미국노동연맹American Federation of Labor이 결성되고 이후 훨씬 많은 노동조직이 등장하게 됩니다. 그에 따라 노동자들의 파업도 늘어나는데 뉴올리언스의 부두 노동자, 펜실베이니아의 철강 노동자들이 들고일어났고 마침내 저 유명한 풀먼 총파업 사태가 벌어지게 되는 것입니다.

풀먼 팰리스 자동차 회사는 부자들이 타고 다닐 수 있는 모양 좋은 차들을 생산해냈는데 정작 그걸 생산하는 노동자들은 생존에 필요한 임금조차 제대로 받지 못하고 있었습니다. 이들이 파업을 일으키자 이때까지 전례가 없던 일이 벌어졌습니다. 이들은 풀먼 팰리스 자동차 공장의 노동자 전체에게 파업에 참여하라고 요청하는 정도를 넘어서 미 전역의 철도 노동자들도 함께

**유진 데브스** 미국 노동운동의 지도자이며, 미국 사회당의 대통령 후보로 대선에 나서기도 했다. 탁월한 연설가였으며, 제1차 세계대전에 미국이 참전하는 것을 반대했다가 10년형을 언도받고 투옥되었으며 3년 뒤 사면되어 석방되었으나 수감 중에 얻은 병으로 사망하고 만다. 그는 미국 사회주의 운동사에서 가장 저명한 지도자였다.

파업에 동참해달라고 했습니다. 그러자 유진 데브스(1855~1926. 노동운동의 지도자이며, 이후 미국 사회당의 대통령 후보로 대선에 나서기도 했다. 탁월한 연설가였으며, 제1차 세계대전에 미국이 참전하는 것을 반대했다가 10년형을 언도받고 투옥되었으며 3년 뒤 사면되어 석방되었으나 수감 중에 얻은 병으로 사망하고 만다. 그는 미국 사회주의 운동사에서 가장 저명한 지도자였다.—옮긴이)가 이끄는 전미철도노조 American Railway Union가 미 전역에 걸친 철도 노동자 총파업을 조직하기로 결정했고 그 결과 1894년의 전국적인 철도 노동자 총파업이 일어났습니다.

많은 파업이 결국 분쇄되고 말았듯이 이 전국적인 철도 노동자 총파업도 군대와 사법부의 결속된 힘 앞에서 무너지고 맙니다. 노동자들의 파업을 불법화한 법정은 "더는 파업을 지지하거나 참여하라는 연설은 할 수 없다"고 판결을 내리지만, 유진 데브스는 이에 굴하지 않고 노동자들의 파업을 계속 이끌어갑니다. 그러나 법정은 그가 법을 위반했다고 감옥에 가두어버리고 맙니다.

∎

그 당시 가장 널리 알려진 조직가 가운데 한 사람이 바로 '마더 Mother' 존스 아니겠습니까? 마더 존스는 어떤 사람이었나요? 그때는 여성이 전국적인 무대에서 정치적 역할을 맡는다는 것은 아니라고 여겼던 시기였는데 그런 때에 활동을 시작하지 않았나요?
_____ 마더 존스의 본명은 메리 G. 해리스 존스(1837~1930)입니다. 그녀는 미국 중부에서 성장했고 하녀였습니다. 그러나 그런 과정에서 계급의식을 가지게 되었고 결국 공장 노동자 조직에 뛰어들었습니다.

마더 존스가 70대가 되었을 때 웨스트버지니아주 그리고 콜로라도주의 광산 노동자들을 조직했습니다. 바로 이 시기에 노동자들의 엄마라는 뜻으로 마더라는 별칭이 붙었던 것 같습니다. 엄마처럼 노동자들을 돌보기도 했거니와 그 나이가 되었을 무렵에는 거의 모든 노동자에게 어머니와 같은 세대에 속했기 때문이었지요. 마더 존스의 전략은 대단히 화려했고 극적이었으며 백발의 머리에는 학교 선생님처럼 띠를 두른 모자를 썼습니다.

마더 존스는 대단히 열정적인 연설가였습니다. 게다가 매우

**마더 존스** 미국 노동운동사의 전설인 마더 존스는 '노동자들의 어머니'라는 의미로 마더라는 별칭이 붙었다. 백발의 머리에는 학교 선생님처럼 띠를 두른 모자를 썼고, 대단히 열정적인 연설가였으며 아동노동 철폐에도 앞장을 섰다.

특출난 전략을 펼치기도 했습니다. 아동노동을 저지하기 위해 펜실베이니아주의 광산에서 일하고 있던 아이들을 데리고 뉴욕으로 행진했고, 시어도어 루스벨트 대통령 관저까지 가기도 했습니다. 행진하는 아이들은 "우리는 놀아야 할 시간이 필요하다"는 구호를 외쳤습니다.

마더 존스는 1913년 록펠러가 소유하고 있던 남부 콜로라도주의 광산에서 일어난 파업에 합류할 것인가 말 것인가 하는 문제로 논쟁하고 있던 콜로라도주 광산 노동자들의 현장에 갔습니다. 마더 존스가 나타나자 현장은 열광의 도가니로 변했습니다. 콜로라도주 트리니다드에서 열린 광산 노동자들의 대회에서 파업 참여 여부를 결정해야 하는 상황에, 마더 존스는 일장 연설을 합니다. 연설이 끝난 뒤, 노동자들은 파업에 합류하기로 결정합니다.

마더 존스는 여러 차례 투옥됩니다. 하지만 그 어떤 것도 그녀의 길을 가로막을 수 없었습니다. 법정에 불려가면 판사에게 그대로 도전했습니다. 마더 존스는 미 전역의 광산 노동자들과 다른 여러 노동자에게 깊은 영감을 주었습니다.

업주와 정부의 노동운동 탄압을 경험하면서 노조를 조직한 노동자들은 점차 이 업주와 정부가 물리력을 사용해서 자기들을 죽여서라도 파업을 멈추게 하고 철도가 움직이지 않는 상황을 타개하려는 것을 알게 됩니다. 이런 상황에서 전술의 변화가 생겨나는가요?

━━━━━ 노동자들은 처음부터 자기들을 공격하는 물리력이 사용되리라 보았습니다. 그렇다고 해서 노동운동이 이에 대한 대응책으로 전술을 변화시킨 경우가 있는지는 잘 모르겠습니다. 하지만 노동운동 일부에서는 물리력에 물리력으로 맞서기로 결정한 경우들이 있습니다. 아일랜드 이주자 출신 탄광 노동자들의 비밀 운동 조직인 펜실베이니아주의 '몰리 맥과이어스Molly Maguires(그 뿌리는 18세기 아일랜드의 농반반란 비밀 조직으로 무력 사용을 서슴지 않은 전통을 가졌다. ─옮긴이)'는 어떤 상황이 되면 폭력을 쓰기로 결정하기도 했습니다.

록펠러로부터 돈을 받아 용병처럼 등장한 주방위군은 파업 농

**루드로 학살** 1914년 4월 20일 콜로라도 주방위군은 파업 농성 중인 루드로의 탄광 광부들을 무자비하게 진압하고, 루드로의 탄광 광부와 그 가족들이 거주하는 천막촌을 공격해 어린이 11명을 포함해 20명의 사망자를 냈으며 이 일대를 폐허로 만들었다.

성 중이던 노동자들을 공격했습니다. 이들 노동자는 콜로라도주 루드로라는 곳에 거대한 천막촌을 치고 있었는데 여기를 무자비하게 진압했던 것입니다. 주방위군은 천막촌을 깡그리 불태웠고 기관총으로 난사하는 만행을 저질렀습니다. 어떤 천막 안에서는 11명의 아이와 두 명의 여성이 불에 타 숨진 채 발견되기도 했습니다. 사태가 이렇게 된 것이 미 전역에 급속도로 알려지자 이 사건은 '루드로 학살'이라고 불렸고 미국의 유명한 포크송 가수이자 작곡가였던 우디 거스리(1912~1967)는 이를 바탕으로 「루드로 학살」이라는 제목의 노래를 지었습니다.

이 학살 사건은 광부들을 분노에 차게 했습니다. 그러고는 폭력을 쓰게 했던 것입니다. 애초에는 이 사건이 일어나기 전까지야 폭력을 행사하겠다는 생각을 먹지 않았습니다. 그러나 이 루드로 천막촌 공격과 학살은 노동자들에게 더는 참을 수 없는 한계를 넘어서게 했던 것입니다. 탄광 지역의 중심에 있는 트리니다드에는 희생된 11명의 아이와 두 명의 여성 그리고 주방위군에 의해 살해된 일곱 명의 시신이 담긴 관을 앞세운 기다란 장례 행렬이 이어졌습니다. 엄숙하게 진행된 이 장례 행렬을 뒤로 하고 일부 노동자들은 집으로 달려가서 숨겨두었던 총을 들고나와 탄광 지역을 미친 듯 돌아다니면서 탄광을 폭파시키고 탄광 경비원들에게 총을 겨누어 이들을 죽였습니다.

이런 사태는 모두 자발적으로 일어난 것으로 대체로 노동운동은 폭력을 전술로 채택하지 않았지만 개별적 상황에 따라 노동운동 일부는 기꺼이 폭력을 쓰겠다고 나선 것입니다. 20세기에 등장했던 세계산업노동자연맹IWW(Industrial Workers of the World)은 19세기에 등장한 미국노동연맹에 비해 급진적이었는데 이 노동조직은 필요하다면 고용주들의 힘과 맞서기 위해 직접 전투를 벌이면서 기물을 파괴하는 것도 마다하지 않는 파업 전술을 내세웠습니다. 하지만 공정하게 말하자면, 대개 노동운동은 비폭력을 지향했습니다.

▮

시카고의 헤이마켓 노동 투쟁에서부터 우드로 윌슨(1856~1924)의 대통령 선출까지 약 25년 정도의 기간을 흔히들 '진보 시대'라고들 부릅니다. 정말 그렇게 불러도 될 만한 시기였는지 그리고 이 시기에 시작된 것 가운데 여전히 지속되고 있는 것들이 있는 지요?

_____ 1886년 헤이마켓 노동 투쟁에서 1912년 우드로 윌슨 의 대통령 선출에 이르는 시기를 '진보 시대Progressive Era(이른 바 '진보 시대'라고 불린 이 시기는 1860년대 남북전쟁 이후 '재건 시대 reconstruction'를 지나 그다음으로 이어진 '도금 시대Gilded Age' 이후의 기간으로, 여성 투표권 법제화, 노동조건 개선, 공정거래법 제정 등 정치 사회 개혁이 이루어졌기 때문에 붙여진 이름이다. 마크 트웨인이 '도금 시대'라고 명명했던 때는 미국 산업자본주의가 급속히 발전하면서 부가 축적되었으나 내면으로는 빈곤이 확산된 시대였기에 겉만 번드르르하다 는 뜻으로 '도금 시대'라고 했던 것이다. 하워드 진은 '진보 시대'가 정말 제대로 된 개혁을 이루었는지에 대한 비판적 질문을 던지고 있는 것이 다.─옮긴이)'라고 부르는 것은 우리가 역사를 바라보는 방식에 대해 끔찍한 논평이 됩니다. 잘못된 것입니다.

예를 들어보자면, 그 시기는 미국사에서 가장 많은 흑인들을 공권력이 아니라 사적으로 폭력을 행사해 죽인 때였습니다. 레 이퍼드 로건(1897~1982)이라는 아프리카계 미국인 역사학자는 1970년에 이 시기와 관련한 책『흑인들의 배반The Betrayal of the Negro』(출간 당시 제목은『미국인들의 삶과 사상 가운데 흑인들의 처지: 그 최악의 시기The Negro in American Life and Thought: The Nadir』)을 내 기도 했습니다. 이 책에서 그는 '진보 시대'가 아니라 '최악의 시 기'라고 이때를 호명했습니다. 이런 시각이 바로 그 이른바 '진 보 시대'를 바라보는 역사관의 하나라는 것도 인식해야 합니다.

이 시기를 '진보 시대'라고 부르는 것에 의문을 갖게 하는 또 다른 현실이 있습니다. 이 시기는 매우 긴장도 높은 노동 투쟁과 극심한 노동 착취가 벌어진 때였다는 것입니다. 미국에 들어온 이민자들은 광산, 공장 등에서 노동을 했는데 이들이 집결해 거주한 도시에서 질병과 질이 좋지 않은 물 때문에 고통을 겪으며 살았습니다. 무수한 아이들이 추운 겨울에 폐렴으로 사망하기도 했습니다. 전혀 '진보 시대'라고 부를 수 없지요.

'진보 시대'라는 이름 붙이기는 그 진상에 맞지도 않은 이름으로 한 시대를 규정해서 부르는 것이라고 하겠습니다. 가령, 20세기 초반에는 의회에서 개혁적인 법안이 통과되기도 했었습니다. 1907년 금융 위기 이후 중앙정부의 위기관리 기능을 강화하기 위해 만들어진 연방준비은행 법안, 누진세를 부과하는 수정헌법 제16조와 상원의원 직접선거에 대한 수정헌법 제17조 등이 법이 되었던 것입니다. 그래서 일부 진보적 입법이 이루어졌다고 말할 수도 있긴 합니다만, 공장에서 일하는 노동자들의 노동환경, 도시 빈민가에서 살고 있는 이들의 환경 등을 보고 이 시기가 '진보 시대'였다고 부를 수는 없을 겁니다.

그런데 다른 한편으로는 이른바 '진보 시대'라고 불린 19세기 말과 20세기 초엽의 이 시기에 뭔가 새로운 변화의 가능성을 감지할 수 있는 일들이 일어나긴 했습니다. 그건 사람들이 이런 현실에 대해 대응을 하고 나섰기 때문입니다. 노동운동이 그렇습니다. 뿐만 아니라 '사회당'도 출현했습니다. 세계산업노동자연맹과 함께 1909년에는 흑인 인권 개선을 위한 전미유색인

지위향상협회NAACP(National Association for the Advancement of Colored People)도 결성됩니다.

이렇게 사회당, 세계산업노동자연맹, 전미유색인지위향상협회 등의 등장은 미국사에서 최악의 시기에 흑인들, 노동자들이 자신들의 현실을 수동적으로 받아들이지 않고 적극 대응해 반란을 일으킨 현실을 보여주었다고 할 수 있습니다.

그 시기는 또 미국의 이민사에서 가장 많은 이민자들이 미국에 쏟아져 들어오는 시기 가운데 하나라고 할 수 있습니다. 헤이마켓 노동 투쟁 과정에서 발생한 폭탄 투척 사고의 책임을 진 인물로 지목되어 사형선고를 받았던 독일 출신 이민자 노동운동가 아우구스트 스피스(1855~1887), 러시아 출신의 아나키스트 엠마 골드만(1869~1940), 영국 출신의 노동운동 지도자 새뮤얼 곰퍼스(1850~1924), 웨일스 출신의 부모 아래 아이오와주에서 태어난 탄광 노동운동 지도자 존 루이스(1940~2020), 스웨덴 출신의 노동운동 지도자이자 작곡가 조 힐(1879~1915) 그리고 자메이카 출신의 흑인 정치 지도자 마르쿠스 가비(1887~1940) 등은 모두 이민자 출신입니다. 이들은 대체로 급진 운동의 지도자, 노동운동의 조직가, 사회운동의 지도자였습니다. 미국 외의 지역에서 미국에 들어온 사람들인데, 이런 사실은 우연의 일치였을까요?

_____ 우연의 일치가 아닙니다. 자기가 살고 있던 곳에서 추방당하듯 나와 살거나 자의에 따라 떠나온 사람들은 원래 살던 곳에 대한 불만으로 미국에 온 사람들입니다. 여기에 오면 뭔가 자

신을 반겨줄 만한 환경이 있으리라 기대했던 거지요. 하지만 이들이 마주하게 된 현실은 떠나온 유럽과 다를 바 없는 참혹한 지경에 처한 환경이었습니다.

그래서 미국에 왔다가 도로 자기 고향으로 돌아간 사람들도 있습니다. 미국이라는 나라의 이른바 영광스러운 삶을 경험해보고자 했지만, 아니었다는 걸 알고는 본래 살던 곳으로 가버린 것입니다. 이건 미국의 이민사에서 잘 알려지지 않은 이야기 가운데 하나입니다.

그런데 미국에 그대로 눌러 살게 된 사람들은 자신의 현실에 저항했습니다. 아까 독일 출신의 이민자이며 아나키스트이고 급진적인 운동을 펼쳤던 아우구스트 스피스를 거론했지요? 그 역시도 다른 이민자들처럼 보다 나은 사회, 자신을 환영해줄 그런 곳을 기대하며 미국에 왔었지요. 그러나 막상 그가 경험한 것은 부자들이 지배하고 노동자들은 착취당하는 세상이었습니다. 그는 1880년대 시카고에서 다른 아나키스트와 함께 행동을 했는데 이들은 대단히 전투적인 조직이었습니다.

아우구스트 스피스는 1886년 헤이마켓 노동자 투쟁에서 체포된 아나키스트 여덟 명 가운데 한 사람이었습니다. 헤이마켓 사건은 1886년 5월, 시카고에 있는 헤이마켓 광장에 노동자들이 모여 그보다 앞서서 며칠 전 하루 여덟 시간 노동을 쟁취하기 위한 시위 과정에 경찰들에 의해 사망자가 생긴 사태에 대해 항의한 사건을 말합니다.

헤이마켓에 아나키스트 운동 지도자들과 사람들이 모였고 이

**헤이마켓 노동 투쟁** 1886년 5월 4일 시카고의 헤이마켓 광장에서 일어난 노동자들의 봉기로 헤이마켓 학살 사건으로도 불린다. 여덟 시간 노동 쟁취로 일어난 이 노동자들의 시위는 엄청난 탄압을 받았고 이후 전 세계 노동자들의 투쟁을 기리는 5월 1일 노동절의 기원이 된다.

들이 단지 연설만 했을 뿐 다른 아무런 짓도 한 것이 없는데도 경찰은 현장을 공격했습니다. 그 어떤 폭력적인 사태도 없는 상황에서 경찰의 공격이 이루어진 것입니다. 경찰이 모여 있는 군중 속으로 파고들자 갑자기 누군가 경찰을 향해 폭탄을 던졌고 그 자리에서 경찰 일곱 명이 죽고 맙니다.

시카고 경찰의 대응은 즉각적이었습니다. 이들은 폭탄 투척과는 아무 관련도 없는 아나키스트 활동가 여덟 명을 체포한 것입니다. 그렇게 한 근거로는 이들이 폭력과 맞서서 폭력으로 대응해야 한다고 말했기 때문이라는 것이었습니다.

체포된 여덟 명의 아나키스트 가운데 단 한 명 앨버트 파슨스

(1848~1887)만 빼고는 모두 이민자였습니다. 앨버트 파슨스는 시카고의 노동운동과 아나키스트 운동의 중요한 지도자였습니다. 그는 남북전쟁 당시 남군으로 참전했고 이후 노동운동과 아나키스트 운동에 관여하면서 급진적인 활동가가 된 인물입니다.

체포된 여덟 명의 지도자는 모두 사형선고를 받았고 실제로는 앨버트 파슨스와 아우구스트 스피스를 포함해 네 명이 사형당했습니다. 이들에 대한 사형 집행은 미국 전역에 충격을 주었고 계급의식이 성장한 노동자들에게 엄청난 영향을 미쳤습니다.

하나의 사건은 그대로 끝나지 않고 다른 사건으로 이어졌고 그러면서 의식의 변화가 잇따랐습니다. 엠마 골드만의 경우를 생각해봅시다. 엠마 골드만은 20세기 초 미국사에서 매우 괄목할 만한 여성 아나키스트 지도자였습니다. 그녀는 10대 시절 뉴욕주 로체스트의 한 공장에서 노동자로 일하던 중 헤이마켓 사건 이후 이들 네 명의 아나키스트 지도자가 사형당한 것을 알게 됩니다. 그 당시 엠마 골드만은 아직 아나키스트가 아니었습니다. 그저 평범한 노동자였지만, 노동자들의 환경이 얼마나 끔찍한지 민감하게 파악하고 있었고 매우 총명한 사람이었습니다.

그러다가 헤이마켓 사건을 전해 듣고 뭔가 마음에 어떤 불꽃이 일어났던 겁니다. 그래서 로체스트의 집과 공장을 떠나 뉴욕으로 가서 아나키스트 조직에 속한 사람들을 만나고, 결국 연설가, 조직가 그리고 뛰어난 지도자로 성장하게 되었습니다. 엠마 골드만은 뉴욕의 의류 공장 노동자들을 위해 진력합니다. 이들이 처한 노동환경의 처참함에 대해 말했고 산아 제한과 여성의 권리에 대해 공개적으로 발언하고 다녔습니다. 그 바람에 여러 차례 투옥되었습니다.

그렇게 뛰어난 지도자임에도 엠마 골드만의 이름은 오늘날 미국사에 등장하는 인물 가운데 잘 알려져 있지 않습니다. 하지만 제가 생각하기에는 매우 영웅적인 존재입니다. 미국의 수많은 대학원에서 미국사를 가르치면서도 엠마 골드만의 이름은 잘 거론하지 않습니다. 이럴 때 어떻게 할 것인가? 그런 교실에서는 나와버려야 합니다. 도서관에 가서 알아보면 되니까요.

헤이마켓 사건과 그로 인해 목숨을 잃은 순교자들에 대해 듣고 알게 되면서 급진적인 운동가가 된 엠마 골드만은 그때로부터 아주 긴 공적 여정을 지나게 되는 거지요?

_____ 그런 '공적 여정public career'이라는 말이 엠마 골드만처럼 급진적인 운동가, 조직가에게도 적용될 수 있다면 맞는 말입니다. 엠마 골드만은 시카고의 아나키스트 지도자들이 사형당했다는 것을 듣고 분노하고 미국의 급진주의 운동사에서 매우 중요한 인물이 되어갔던 것입니다.

1893년 경제 위기 시절, 엠마 골드만은 뉴욕의 유니언 스퀘어에 몰려든 수많은 사람들 앞에서 열정적인 연설을 합니다. 경제 위기로 인해 사람들은 굶주리고 있었고 노동자의 3분의 1은 실업자 신세였습니다. 이들 앞에서 엠마 골드만은 이렇게 말합니다. "제발 이렇게 해주세요, 저렇게 해주세요 하고 청원하는 일에 힘을 빼지 맙시다. 이런 법, 저런 법이 통과되도록 여기저기

**엠마 골드만** 엠마 골드만은 20세기 초 미국사에서 매우 괄목할 만한 여성 아나키스트 정치 활동가이자 노동운동 지도자였으며 반전운동의 선봉에 섰던 인물이다. 이후 그녀는 러시아로 축출당하고 만다. 사진은 엠마 골드만이 1916년 뉴욕의 유니언 스퀘어에서 몰려든 실업자들에게 자선이나 정부의 지원에 의존하기보다는 직접행동을 취할 것을 촉구하고 있는 모습이다.

뛰어다니는 일도 그만둡시다. 우리는 우리가 원하는 바를 직접 그대로 얻어내야 합니다. 여러분의 아이들이 배를 곯고 있다면, 그 어디든 가게에 들어가 먹을 것을 가지고 나오면 됩니다."

이런 태도가 바로 아나키스트들의 신조였습니다. 이들은 직접행동을 믿었습니다. 청원을 한다든지 로비를 한다든지 또는 투표를 해서 누군가 선출되고 그가 자신들이 원하는 일을 하기까지 기다리지 않았습니다. 이들은 문제의 근원에 들어가서 즉각 행동을 했던 것입니다.

엠마 골드만은 수없이 감옥에 갇혔는데, 바로 그 유니언 스퀘어의 연설로 블랙웰 교도소에 갇혀 지내는 2년의 실형을 선고받기도 했습니다. 1892년에는 헨리 클레이 프릭(1849~1919) 암살 기도에 연루되기도 합니다.

프릭은 피츠버그에 있는 카네기 철강 공장 지배인이었습니다. 여기서 일어난 파업 투쟁 과정에 노동자들이 총에 맞아 죽는 일이 벌어집니다. 그러자 엠마 골드만을 비롯한 일부 아나키스트들이 노동자들이 이런 식으로 그대로 당하고만 있을 수는 없다고 헨리 클레이 프릭을 죽이기로 결정을 내립니다. 그건 이들에게 일종의 상징적 행위에 속한 일이었습니다. 억압자를 그대로 두지 않겠다는 의지의 표명이었기 때문입니다.

알렉산더 버크먼(1870~1936)은 한때 엠마 골드만의 연인이었고 동지였으며 뉴욕의 아나키스트 운동가 중 한 사람이었습니다. 바로 그가 프릭을 죽이기 위해 피츠버그로 가지만 저격에 실패하고 맙니다. 버크먼은 뛰어난 아나키스트 지도자였지만 총을 다루는 데는 서툴렀던 셈이었습니다. 결국 그는 이 일로 장기수가 됩니다.

그러나 엠마 골드만은 여기서 물러서지 않았습니다. 이런 태도 때문에 기득권 세력에게 그녀는 매우 악명높은 인물로 낙인찍혔고 1901년 윌리엄 매킨리 대통령이 암살되자 수사기관은 곧바로 엠마 골드만을 그 살인 혐의자로 단정하고 수배에 들어갔을 정도였습니다. 대통령 암살 같은 수준의 행동이라면 엠마 골드만 같은 인물에 의해 촉발되었으리라 본 것입니다.

엠마 골드만은 20세기 초반 미국사에서 중요한 역할을 하지만 제1차 세계대전이 발발하면서 미국에서의 활약은 종지부를 찍고 맙니다. 그녀가 반전운동에 나서자 감옥에 갇혔고, 버크먼과 같이 옥살이를 하는데 석방이 되고 나서는 이들의 태생지인 러시아로 추방당합니다. 당시 연방수사국FBI 국장 에드거 후버(1895~1972)는 항구까지 나와서 이들이 제대로 배에 올라 태워져 미국을 떠나는지를 확인하기까지 했었습니다.

사회주의 운동이라든가 아나키즘은 미국에서 태어난 운동이라고 할 수 있을까요, 아니면 세계적인 조류에 따른 혼혈 잡종이라고 할 수 있을까요? 당시 미국의 이민자들을 보면 미국 밖에서 반란을 일으켰던 자나 여러 종류의 급진주의자가 뒤섞여 있지 않았습니까? 예를 들어봐도 아일랜드에서 반란을 일으켰던 청년아일랜드당의 조직원들이 반란에 실패하면서 미국으로 도망오기도 했고 1848년 혁명 그리고 파리 코뮌에서 패주한 이들이 이곳으로 피신하기도 하지 않았습니까? 이탈리아 통일 영웅이자 혁명가 주세페 가리발디(1807~1882), 쿠바 독립 혁명가로 미국에 망명했던 호세 마르티(1853~1895), 러시아 혁명의 지도자 레온 트로츠키(1879~1940) 등 이들 모두가 다 아메리카 대륙에 왔었습니다. 사회주의 운동이라든가 아나키즘이 엄격한 의미에서는 순수한 미국의 독자적인 창조물은 아니지만 밖으로부터 들어온 사람들의 영향력이 그런 역사적 흐름이 생기는 데 역할을 한 것이라고 할 수 있나요?

———— 순수하게 미국의 독자적인 창조라고 할 수도 없지만 그렇다고 외국에서 흘러들어오기만 한 것이라고도 말할 수 없습니다. 좀 쉽게 표현하자면 미국의 역사에서 펼쳐진 급진주의 운동은 미국 밖에서 들어온 이들의 영향을 받긴 했다고 할 수 있겠지요. 이들이 일종의 촉발제 역할을 했다고 볼 수 있기 때문입니다. 그와 같은 흐름이 밖으로부터 들어오면 그걸 차단하고 통제하고자 했던 시도는 미국독립전쟁 직후부터 시작되었습니다. 그래서 '외국인 규제법과 선동 금지법Alien and Sedition Acts' 같은 것이 만들어졌지요. 혁명적 분위기를 막으려 했던 것입니다. 아일랜드 독립 투쟁을 했던 아일랜드 출신 이민자들이나 프랑스혁명으로 인해 망명자가 되어 미국에 온 프랑스 출신 이민자들의 영향 같은 것들이 그런 혁명적 역할을 발휘했다고 볼 수 있습니다. 이건 모두 잘 알고 있는 역사입니다.

헤이마켓 사건으로 체포되었던 아우구스트 스피스나 새뮤얼 틸든 같은 이들은 모두 유럽 출신 이민자였습니다. 파슨스는 미국에서 태어났습니다. 그러니까 이민자 출신의 아나키스트가 있었는가 하면 미국 태생의 아나키스트도 있었던 것입니다. 그리고 이들은 공동 투쟁에 하나가 되어 함께 활동을 했던 것이지요.

미국 초기 노동운동사를 보면 파업 투쟁을 깨뜨리고 조직을 무너뜨리는 과정에 흑인들이나 이민자들을 앞세워 이용하기도 했습니다. 이런 방식이 과연 효과적인 전술로 작동했을까요?

———— 몇 가지 이유로 효과를 보았습니다. 우선 이들 이민자는

일자리가 절실했고 흑인들은 가장 밑바닥 생활을 하고 있었습니다. 그러니 이들에게 좀 더 높은 임금을 주겠다고 약속하면 이들은 파업 현장에 가서 지시받은 대로 파업을 방해하고 저지하는 역할을 맡았던 것입니다.

어떤 때에는 무슨 일을 해야 하는지도 모르고 파업 현장에 동원되기도 했었습니다. 1914년 콜로라도주 탄광 파업 때에는 흑인과 백인 노동자들이 열차로 파업 현장에 보내졌는데 열차 창문을 모두 어둡게 가려버리는 바람에 이들은 밖에서 시위가 일어나는지 알지도 못했습니다. 이런 식으로 속기도 했습니다. 하지만 이들이 파업을 분쇄해버리는 일에 끌려 들어가게 되는 것은 이들의 삶이 너무도 절박했기 때문이었습니다.

이런 식으로 지배 세력이 가난한 이민자와 노동자 들을 자기들과 같은 처지에 있는 사람들을 공격하는 데 몰아세운 것은 이들을 서로 적대하게 하고 분노가 일도록 하면서 분열시키려는 전술이기도 했습니다. 사실 파업 노동자나 이 파업을 깨기 위해 동원된 사람 들이나 모두 자본주의 사회의 희생자들인데 말이지요.

하지만 이렇게 하는 것이 언제나 성공한 것은 아니었습니다. 20세기 초반, 뉴올리언스에서 벌어진 파업에서는 흑인과 백인 노동자들이 서로 뭉쳤습니다. 1912년 이 방직 공장 파업에 나선 노동자나 파업을 깨뜨리기 위해 투입되었던 노동자 들은 모두 이민자 출신이었던 겁니다.

같은 해인 1912년 매사추세츠주 로런스의 아메리카 모직 회

**로런스 섬유 파업** 총검을 착검한 매사추세츠 민병대가 평화로운 파업 행렬을 둘러싸고 있다. 로런스 섬유 파업(Lawrence Textile Strike)은 1912년 매사추세츠주 로런스에서 세계산업노동자연맹이 주도한 이주 노동자들의 파업으로, '빵과 장미' 파업이라고도 하며, 이례적으로 노동자들이 승리한 파업이었다.

사가 경영하던 공장 등에서 일어난 파업은 세계산업노동자연맹이 노동자들을 단결시키는 데 큰 역할을 했습니다. 이건 매우 특별하고 빛나는 승리의 순간이었습니다. 회사를 상대로 한 파업이 결국 승리를 했는데, 그때까지 이런 일은 사실 드문 경우였기 때문입니다.

미국 사회주의 운동사가 펼쳐진 지 한 세기가 지났어도 미국의 역사에서 연방의회와 주의회에 사회주의자들이 있었다, 유진 데브스가 대통령 선거에서 수백만 표를 얻었다, 와 같은 사실은 여전히 쉬쉬하는 비밀이 되어버렸습니다. 왜 그렇지요?

_____ 미국에서 '사회주의'라는 말이 한때 누렸던 매력과 영광을 잃었기 때문입니다. 20세기 초반만 해도 '사회당'은 하나의 힘 있는 정당으로서 실체를 가지고 있었고 사회주의를 표방하면서 득표에 성공한 시절이 있었습니다. 이 시기 사회주의는 뭔가 낭만적이고 이상주의적인 것으로 여겨졌었습니다. 평등, 우애, 연대와 같은 가치를 대변했던 것이지요.

그러나 1917년 볼셰비키 혁명이 일어나 소련이 세계사의 무대에 등장하면서부터 사회주의에 대한 인식이 이전과는 달리 부정적으로 받아들여지게 되었던 것입니다. 물론 이 시기에 수많은 사회당 지도자들이 반전운동에 나섰고 그로 인해 투옥되어 공격받고 당이 무너졌던 것도 아울러 기억할 필요가 있습니다. 사회주의자들은 이때 매우 어려운 시기를 거치고 있었던 것입니다.

그러나 소련이 사회주의를 대표하는 상황이 되고 그 대표성의 성격이 점점 더 뚜렷하게 문제가 생기게 되면서 사회주의는 미국에서 자리를 잃어갑니다. 특히 스탈린주의가 독재정치라는 것이 분명하게 드러나게 된 1930년대와 1940년대에 들어서면서 사회주의를 중심으로 사람들을 결집시키는 것은 매우 어렵게 됩니다. 소련은 마르크스가 내다보았던 것처럼 프롤레타리아의 자비로운 독재가 아니라 프롤레타리아를 지배하는 독재라는 것이 확실해졌기 때문이지요.

그러나 시대를 건너뛰어 1989년과 1990년 소련이 붕괴되면서 사회주의에 대한 생각을 새롭게 할 수 있는 기회가 찾아왔습니다. 그때까지는 사회주의라고 하면 스탈린주의 전제정치 그리고 강제수용소와 같은 것으로 인식되었던 상황이었으니까요. 그런데 소련이 무너지자 그 공백에 사회주의에 대한 새로운 생각을 재구성할 수 있는 기회가 온 것이지요. 그렇게 되면서 한때 미국의 역사에서 사회주의가 커다란 영향을 끼쳤던 시기, 그러니까 유진 데브스, 마더 존스, 엠마 골드만, 법률가 클래런스 대로 (1857~1938), 『강철군화』를 쓴 잭 런던(1876~1916), 시각장애를 이기고 인간 승리를 한 것으로만 알려진 헬렌 켈러 등 여러 저명한 사회주의자가 활약했던 시절이 소환될 수 있게 된 것입니다.

**❙**

지금 우리가 이야기해온 시기는 또 다른 한편으로는 미국이 밖에서 군사행동을 시작한 때이기도 합니다. 1898년에 스페인과 전쟁을 치르고 스페인의 식민지였던 필리핀의 독립 항쟁을 진압했습니다. 카리브해의 아이티, 니카라과 같은 곳을 침략했습니다. 어떤 일들이 벌어진 것입니까?

_____ 미국사에서 이른바 '제국의 시대'는 1898년 스페인의 식민지였던 쿠바를 장악한 미국-스페인 전쟁이 시발점이라고들 알고 있습니다.

그러나 미국의 제국주의는 그때보다 더 앞선 시기부터 시작했다고 해야 타당할 겁니다. 아메리카 원주민들의 땅을 강제로 탈취한 과정이 바로 그것입니다. 미국의 제국주의는 아메리카 대륙 전체를 지배하는 과정에서 시작된 것이라 하겠습니다. 오늘

LA FATLERA DEL ONCLE SAM (per M. MOLINÉ).

Guardarse l' isla perque no 's perdi.

**미국-스페인 전쟁** 1898년 일어난 미국-스페인 전쟁은 이미 노쇠해진 스페인의 식민지였던 쿠바와 필리핀을 해방시킨다는 명분으로 이를 차지하기 위해 벌인 전쟁으로, 미국이 본격적으로 제국이 되는 전쟁이다. 이로써 미국은 남으로는 라틴아메리카를 지배하는 기지를 확보하고, 서로는 태평양 쪽의 기반을 조성했다.

날의 표현을 쓰자면 인종청소에 해당하는 대대적인 학살 과정 가운데 하나였고, 그렇게 하면서 이들 원주민이 살고 있던 거대한 땅을 백인들이 차지하게 되었던 것입니다. 이때 백인들은 대서양 지역으로부터 서부로 진격하고 있었습니다. 원주민들의 땅을 정복의 대상으로 삼은 것이었습니다. 1846년에서 1848년 사이에 있었던 멕시코와의 전쟁도 그런 제국주의의 팽창 과정이었지요. 이른바 '명백한 운명'이라고 해서 신의 섭리에 이끌려 미국은 동서로는 대서양부터 태평양까지, 남쪽으로는 멕시코만에 이르는 대륙 전체가 미국의 것이 되도록 운명지어졌다는 주장도 그런 제국주의의 한 형태라고 하겠습니다. 이로써 미국은 강력한 대륙 국가가 된 것이지요. 이 모든 상황은 1898년 미국-스페인 전쟁이 발발되기 전의 일이었습니다.

나라는 커지고 산업은 성장했지만 국내 시장은 충분하지 않아 그걸 다 소비할 수 없게 되고 더 많은 원료를 해외에서 구해야 하는 상황이 되자 미국은 정치적이고 군사적인 수단을 쓰기 시작한 것입니다.

이때 그 표적으로는 바로 쿠바가 딱이었습니다. 쿠바는 미국에 인접해 있고 또 개입의 명분도 분명했습니다. 구舊제국 스페인이 쿠바를 점령하고 있으며 잔혹한 통치를 하고 있다는 것을 명분으로 삼았던 것입니다. 미국의 팽창주의는 항상 이렇게 인도주의적 명분을 구실로 해서 작동했습니다. 이런 주장은 일견 사실이기도 했지만 속셈은 달리 있었던 것이지요. 미국은 당시 국무장관이었던 존 헤이(1838~1905)가 주장했듯이 "찬란한 소규모 전쟁"을 통해 쿠바로부터 스페인을 몰아냈던 것입니다.

이렇게 해서 스페인 세력이 축출되자 그 자리에 미국이 들어앉았습니다. 미국 자본과 기업이 대신 지배하게 된 것입니다. 거대 기업 유나이티드 프루트 컴퍼니, 미국의 은행, 철도 등이 쿠바에 들어갔습니다. 여기에 더해 미국이 쿠바의 헌법 일부를 직접 씁니다. 이러면서 미국은 언제든 쿠바에 군사적으로 개입할 수 있게 되었습니다.

이것이 미국이 해외로 팽창하는 시작이었습니다. 쿠바에서 스페인과의 전쟁이 종료되는 시기, 미국은 필리핀으로 관심을 돌립니다. 1898년 쿠바에서의 전쟁은 미국 역사책에 많은 내용이 할당됩니다. 시어도어 루스벨트가 대통령이 되기 전 국방부 해군담당 차관보로 있을 때 차관보를 사임하고 직접 쿠바의 격전지 산후안힐로 행진했다던가, 이 시기 자원군 러프 라이더Rough Riders(시오도어 루스벨트가 지휘한 자원군 부대로 그는 해군담당 차관보를 사임하고 전투에 나섰는데, 이것으로 그의 정치 경로가 크게 달라졌다.—옮긴이)의 활약상 등에 대한 이야기들이 미국 역사책에 그득 실립니다. 하지만 필리핀을 장악하기 위해 스페인과 벌인 전쟁은 별로 거론되지 않습니다. 그런데 쿠바를 둘러싸고 벌였던 미국과 스페인 전쟁은 3개월 정도였던 반면에, 필리핀을 장악하기 위한 전쟁은 수년간 이어집니다. 적어도 50만 명 이상의 필리핀인이 사망한 피비린내 나는 전쟁을 벌인 것입니다.

이 전쟁은 여러모로 훗날 벌어진 베트남 전쟁의 전조였습니다. 미국은 필리핀 주민들을 진압하기 위해 육군과 해군을 지구의 반을 지나 실어다가 필리핀 현지에 풀었습니다. 매킨리 대통령은 이렇게 필리핀을 침략해서 장악하게 된 경위를 신의 섭리라고 주장했습니다. 그는 어느 날 무릎을 꿇고 기도하는 중에 신으로부터 필리핀인들을 문명화시키고 기독교 신자로 만들라는 의무를 부여받았다고 말한 것입니다. 그 반대편에 있던 필리핀인들도 신의 계시를 받은 것은 다르지 않았을 것입니다. 그 내용이 다를 뿐이었습니다. 이들은 결국 패배했지만 수 년간에 걸쳐 미국과 끝까지 싸웠습니다. 그리고 나서는 50여 년간 미국 군사

력의 점령과 지배가 있었고 미국이 지지하고 세운 독재 정권이
계속 이어졌습니다.

이건 시작에 불과했습니다. 1915년 우드로 윌슨 대통령은 카
리브해에서 첫 번째로 세워진 흑인 공화국 아이티에 군대를 파
견했고, 수천 명의 아이티인을 살해했습니다. 미군의 아이티 주
둔은 이후 거의 20여 년간 지속되었습니다. 윌슨은 도미니카공
화국에도 군대를 파견했고, 이곳에서도 미 군정이 오래 이어졌
습니다. 이런 식으로 다른 나라에 침략해서 군사적으로 지배하
는 건 하나의 지속적인 패턴이 되었습니다. 20세기 전반에 걸쳐
미국은 중앙아메리카와 니카라과, 파나마 등의 나라에 해군을
파견해서 지배한 것이 역사적 사실입니다.

하지만 미국이 그런 식으로 밖에서 팽창주의를 추구한 것은 유럽
의 제국주의와는 많이 달랐던 것 아닌가요? 가령 영국은 인도, 나
이지리아, 남아프리카, 동아프리카 지역에 자신의 국교國敎와 깃
발, 법과 군대를 끌어들였고, 프랑스는 북아프리카와 카리브 해안
일부를 식민지로 삼았고 국민의회 대표들을 식민지에 주재하게
해서 통치했습니다. 그에 비하면 미국은 라이베리아나 필리핀, 중
앙아메리카, 베네수엘라 또는 지구상 그 어떤 나라도 병합하거나
식민지로 삼지 않았습니다. 단지 상업적 이해만 광범위하게 추구
했을 뿐이지 않습니까?

_____ 미국은 제국주의 경쟁 체제에 늦게 뛰어든 후발주자입
니다. 미국이 아메리카 대륙의 경계선을 넘어 세계로 자신의 무

대를 옮겼을 때, 이미 영국, 프랑스, 독일과 같은 구제국주의 세력의 경험이 쌓여 있었던 것입니다.

그런 상황에서 미국의 지도자들은 구제국주의 국가들을 따라서 굳이 식민지 정책을 펼 이유가 없다고 본 것입니다. 이런 지역의 경제를 미국이 장악할 수 있고 결정적인 시기에 언제든 미국의 군사력을 파견해서 친미적인 입장을 가진 세력을 정부로 세울 수만 있다면 괜찮다고 여긴 것입니다.

가령, 중앙아메리카나 카리브해 지역을 보면 영국이 인도나 동아프리카를 식민지로 삼았던 것과 동일한 상황을 볼 수는 없습니다. 그러나 그 대신 미국 해군이 들락거리는 것을 보게 됩니다. 그건 미국이 자신의 이해와 맞는다고 여기는 그곳 정부가 위협을 받는다고 여기면 언제든 움직이기 때문입니다.

뿐만 아니라 미국이 어떤 지역은 실제로 점령하는 경우도 있었습니다. 1915년 미국은 아이티에 들어가 1934년까지 점령 체제를 유지했었습니다. 아이티 사람들이 이에 저항했지만 결국 진압되고 말았습니다. 이건 우드로 윌슨 때 일어난 일입니다. 윌슨에 대한 역사적 묘사는 왜곡되어왔습니다. 흔히들 역사에서는 윌슨이 국제연맹의 창설을 주장한 이상주의자로 알려져 있지만 그는 아이티와 도미니카공화국을 잔혹하게 점령했고 멕시코 해안을 폭격하기 위해 멕시코에 전함을 파견한 인물입니다.

미국의 제국주의는 뭔가 보다 정교한 방식을 취한 것인데 어쨌든 간에 그것도 제국주의라는 점은 다르지 않습니다. 오늘날 미국의 제국주의는 지구 도처에 군사기지를 세우는 방식으로 유지되고 있으며 이에 더해 미국의 기업들이 다른 나라의 내정에 관여하여 지배하는 것이 현실입니다. 이건 여러 가지 측면에서 과거 구제국주의가 지배한 방식보다 더 광범위하게 그 영역을 확대한 것이자 보다 효과적인 것이라고 할 수 있습니다. 왜냐하면 영국이 인도를 점령했던 것처럼 지속적으로 군사적 점령 체제를 유지할 필요가 없어졌기 때문입니다. 그보다는 다른 방식이 실패할 경우에 한해 이따금 점령하면 되는 것입니다. 그게 더 손쉽게 대상 지역을 지배할 수 있는 방식이 된 거지요.

그럼에도 불구하고 본질적으로 보자면 미국의 제국주의는 지난 시기 유럽의 구제국주의와 동일한 성격을 가지고 있습니다. 그건 미국의 경제적 이익을 위해 다른 나라 국민들의 경제생활을 지배하고 장악하는 것입니다.

그런데 미국이 다른 나라를 침공하고 군사적으로 점령한 여러 경우 가운데, 특히 1898년 미국-스페인 전쟁에서 필리핀인들의 저항을 진압하고 남북전쟁 당시 북부 멕시코를 침공했을 때, 흑인들을 동원해 군사적으로 이들을 앞세웠습니다. 이런 일들이 미국 내부에 끼친 영향은 없었나요?

_____ 왜 없었겠습니까. 필리핀 침략 과정에 흑인 부대를 동원한 것은 미국 내에서만이 아니라 필리핀 주둔 미군 내에서도 논란이 벌어졌었습니다. 그곳에 파견되었던 흑인들은 백인 병사들이 필리핀 사람들을 흑인들을 능멸해 부르는 '니거nigger'라는 말로 얕잡아 호칭하는 것을 듣게 됩니다. 미군 부대 안에 명백하게

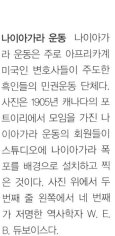

**나이아가라 운동** 나이아가라 운동은 주로 아프리카계 미국인 변호사들이 주도한 흑인들의 민권운동 단체다. 사진은 1905년 캐나다의 포트이리에서 모임을 가진 나이아가라 운동의 회원들이 스튜디오에 나이아가라 폭포를 배경으로 설치하고 찍은 것이다. 사진 위에서 두 번째 줄 왼쪽에서 네 번째가 저명한 역사학자 W. E. B. 듀보이스다.

존재하는 인종차별주의가 흑인 병사들에게 충격을 준 것입니다.

그런 결과로 해서 이들 흑인 병사는 미국에서 흑인들이 발간하고 있던 신문에 편지를 보내 이런 사정을 털어놓았습니다. 이와 동시에 이들 흑인 병사는 자기들이 필리핀에서 전투를 하는 동안 미국 국내에서는 흑인 폭동과 흑인에 대한 집단적인 사형私刑이 벌어지고 있다는 것을 알게 됩니다. 흑인들은 자기들이 밖에서 자유와 민주주의를 위해 전쟁을 한다고 믿고 싸우고 있는데, 자신들의 가족들은 국내에서 집단 폭력을 당하고 있는 상황에 놓였던 것입니다.

그러니 자연 논란이 증폭되었지요. 흑인 차별 제도 철폐 운동인 '나이아가라 운동(1905년 캐나다 온타리오주 근처 나이아가라 폭포가 있는 지역에서 흑인들의 민권 투쟁을 위해 시작된 조직으로, 역사학자 W. E. B. 듀보이스 같은 저명한 흑인 지식인들이 참여했다.—옮긴이)', 전미유색인지위향상협회의 등장은 모두 제국주의에 대한 의식, 그러니까 미국의 힘이 지구상 다른 나라에서는 그 나라 유색인종을 짓밟는 데 쓰이고 있다는 의식이 조직화된 결과라고 하겠습니다.

선생님께서 거론하신 여러 저항운동의 이야기는 전통적으로 우리가 알고 있던 미국 역사의 서사를 어떻게든 다른 각도로 생각해야만 한다는 걸 뜻하는 건가요?

_____ 저항의 서사가 빠진 미국 역사를 공부하는 것은 이빠진 역사에 불과해지고 맙니다. 그런 역사에서는 그냥 모든 게 다 잘 되어왔고 아무 문제가 없는 것이 됩니다. 그런 식이 되면 미국인들은 서로서로 다음과 같이 이렇게 이야기하는 걸로 정리가 될 것입니다. "미국은 세계에서 가장 위대한 나라야. 우리는 이 세상에서 언제나 좋은 일만 해왔다니까." 그렇게 살고 있다가, 다른 나라 사람들이 미국에 대해 비판하는 것을 듣게 되면 깜짝 놀라게 되는 거지요.

많은 미국인들은 우리가 오로지 좋은 일만 해온 나라라고 믿고 자라납니다. 그런데 미국이 사실은 제국주의 국가이고 미국의 기업들이 노동자들을 착취하고 오랜 세월 노예제도를 유지하고 인종차별을 해온 나라라는 것을 알게 되면 그때 비로소 의식이 각성됩니다. 또한 누군가 집단적으로 희생되어온 역사를 의식하게 되면, 희생자들이 그저 수동적으로 자신의 현실을 받아들이지 않고 저항했다는 사실도 인식하게 됩니다. 파업을 주도했고 폭동도 일으켰으며 탈영도 하고 반전운동도 펼쳤다는 것을 말이지요. 이런 저항의 역사를 아는 것은 중요합니다. 그럼으로써 사람들이 자신을 억압하는 현실에 저항해서 투쟁할 수 있다는 사실을 이해하게 되니까요. 제국주의가 미국의 평판을 무너뜨리고 있고 소수의 강자들과 부자들이 정부의 권력을 장악한 채 자신들을 위해 이를 쓴다든지 하는 것은 사실입니다. 그래서 이 모든 사태 앞에서 그대로 가만히 있을지 어떻게 할지는 보통의 미국 시민들이 어떤 역사를 알고 있는가에 달려 있습니다.

사람들은 근본적으로 도덕적이지 않은 권력에 저항하기를 원할 경우 그런 생각에 대한 지지를 절박하게 갈망하기 마련입니다. 그런 지지는 어떻게 획득할 수 있는가? 그건 미국의 과거 역사를 통틀어 바로 이러한 저항의 역사를 배움으로써 이루어질 수 있습니다. 자신의 저항이 옳고 이길 수 있다는 것을 확신하게 되기 때문입니다.

이런 이야기를 들으면, 아마 수많은 미국인들이 자기 조상의 역사와 이런 억압과 희생, 저항의 역사를 함께 감당하는 것은 매우 어려워하지 않을까 싶습니다. 자기 조상이 스칸디나비아 출신이라고 하면, 이들이 미국 중부 그레이트플레인스에서 미국 정부로부터 농지를 받고 그곳 원주민들을 탄압한 존재라고 여기는 일이 쉽지 않겠지요. 클리블랜드 지역에서 일한 슬라브 출신의 탄광 노동자나 헝가리 출신 강철 노동자 또는 그 밖에 다른 지역 출신의 이민자를 조상으로 가지고 있는 경우, 이 조상들이 착취와 억압의 역사에 관여되어 있다는 사실을 인정하기란 어려울 것입니다.

_____ 미국에서 살고 있는 많은 사람들에게는 자기 조상의 역사는 성공 사례를 보여주는 역사입니다. 이민자 출신인 이들은 현재 자기 집이 있고 여가를 즐길 수 있으며 차와 TV, 핸드폰 그리고 그 밖에 현대 문명의 여러 이기를 누리고 있습니다. 말하자면 위대한 미국의 중산층입니다.

그러나 미국 안에는 끔찍한 삶의 조건 아래 살아가고 있는 밑바닥 계층의 사람들도 있습니다. 이들은 미국 전역의 도시에서 열악한 주거 환경과 함께 충분하지 못한 의료 지원의 조건에 놓여 있습니다. 저임금과 장시간 노동에 시달리고 있으며 자기 가족들을 제대로 먹여 살리는 데 어려움을 겪고 있습니다.

미국에는 이른바 중산층이 있는데, 이런 계급적 조건이 바로 미국에서는 혁명운동이 부재하는 이유를 설명해주고 있다고 할 것입니다. 이들로 해서 미국의 체제적 안정이 상대적으로 보존되고 있는 셈이지요. 반란과 투쟁의 조짐이 분명 있지만 체제 자체는 안정을 유지하고 있고, 그건 이 체제가 많은 미국인들에게 뭔가 이 체제를 지지하도록 만들 만큼은 주고 있기 때문일 것입니다. 그런 까닭에 이들 중산층이 소수의 엄청난 부자들과 절박한 삶을 살면서 투쟁하고 있는 많은 가난한 사람들 사이에 완충

지대가 되고 있는 셈입니다. 그건 사실입니다. 그래서 우리는 이 양 측면을 모두 볼 수 있어야 합니다. 미국의 정치 시스템 속에서 부자들의 권력이 어떻게 유지되고 있는가는 이들 부자가 중산층을 매우 적절하게 활용해서 이들이 체제를 지지하도록 만들고 있기 때문입니다. 미국의 체제는 노동자들의 일부를 계속해서 중산층으로 이동시켜 반란을 꾀하기 어렵게 만드는 기발한 방식을 가지고 있습니다.

이런 경우를 우리는 흑인들의 민권운동에서도 보게 됩니다. 민권운동이 격렬하게 펼쳐지던 시기의 후반기에 이르면, 흑인 인구의 다수는 아니더라도 약 10퍼센트에서 15퍼센트에 달하는 수준의 흑인 중산층이 형성됩니다. 이렇게 되고 나니 체제 자체에 반기를 들 만큼의 상황이 아니게 된 것입니다. 이러면서 흑인들이 경제계에 진입하고 대학에 들어가고, 이전과는 달리 많은 흑인들이 TV나 각종 미디어에 출연하게 되었습니다.

그러나 나머지 75퍼센트에서 80퍼센트의 흑인은 여전히 어려운 조건에서 살고 있습니다. 그건 미국의 어느 도시를 다녀봐도 금세 알 수 있습니다. 거기서 우리는 미국 전반의 생활이 드러나는 축소판을 보게 됩니다. 제가 살고 있는 보스턴만 해도 쾌적한 주거 환경에서 살고 있는 성공한, 그래서 자신의 현실에 만족하면서 살고 있는 이들을 보게 됩니다. 하지만 그런 곳을 조금 더 자세히 돌아다녀 보면 무슨 전쟁터인가 싶은 지역과 이내 만나게 됩니다. 엉망으로 부서진 집들, 쓰레기가 그득한 거리, 딱 봐도 실업자들이 있다는 것을 알게 되는, 도시의 또 다른 면모와

마주하게 되는 것입니다. 이런 현실은 보스턴에만 있는 것이 아닙니다. 뉴욕, 시카고, 디트로이트, 로스앤젤레스 등 미국의 대도시 어디에서든 볼 수 있는 현실입니다.

미국은 미국에 살고 있는 이들 누구든 돌볼 수 있고 공짜로 건강보험을 줄 수 있으며 무료로 대학을 다닐 수 있게 하며 좋은 주거 환경을 제공할 만큼의 엄청난 부를 지닌 나라입니다. 그러나 그렇게 하지 않고 있습니다. 그건 부분적으로는 바로 이 현실에 만족하고 있는 중산층의 존재 때문이라고도 할 수 있습니다.

선생님께서는 방금 매우 다양한 이해관계를 가진 이들, 서로 이해가 적대적으로 충돌하거나 미래에 대해 상호 배타적인 가치관을 가진 집단들에 대해 말씀해주셨습니다. 자, 그렇다면 이렇게 다양한 입장들이 있는 판국에 미국이라는 나라에 '하나의 국익'이라는 것이 있기는 한 걸까요?

_____ 그런 건 없다고 봅니다. 국익이라고들 말할 때 그것은 있지도 않은 이해관계의 통합을 내세우기 위해 사용하는 방식 가운데 하나라고 하겠습니다.

그런 식의 표현과 주장은 미국 건국 초기부터 시작되었던 것입니다. 이른바 건국의 아버지라고 불린 이들은 마치 미국인 누구나 받아들일 수 있는 하나의 국익이 있는 것처럼 내세웠습니다. 헌법을 봐도 그 전문에는 "우리 인민들은 이 헌법을 만들었다"라고 되어 있지만 그게 어디 '우리 인민들We the People'이라고 하나로 뭉뚱그릴 수 있는 것이겠습니까? 그렇지 않습니다. 그

속을 들여다보면 그건 제헌회의로 필라델피아에 모인 55명의 부자 백인뿐이었습니다. 그러니 헌법 전문에 나온 '우리 인민들'이라는 말 속에 어떻게 하나의 통합된 이익이 존재할 수 있겠습니까? 노예 소유주와 노예, 지주와 소작인, 부자와 가난한 사람 사이에 그런 건 없습니다.

그러니 '우리 인민들'이라는 말은 보통의 사람들을 기만하고 마치 하나의 국익이 있는 것처럼 여기도록 만드는 방식일 뿐입니다. '국익'이라는 말은 20세기 기술 문명의 괴기한 면모를 그려낸 소설가 커트 버니것(1922~2007)이 지어낸 '그랜팰룬granfaloon(커트 버니것이 소설『고양이 요람Cat's Cradle』에서 만들어낸 단어로, 공통의 이해나 유대로 묶인 집단인 것처럼 보이지만 그들 사이의 관계, 연대는 아무런 실체도 없고 의미도 없는 경우를 의미한다. ─옮긴이)'이 가진 뜻처럼, 서로 간에 공통된 이익이 없는 사람들을 인위적으로 한데로 모아 현실에서는 존재하지도 않은 하나의 덩어리로 만들어버리는 것과 같습니다.

따라서 미국 사회가 진보하고 변화를 이루며 더는 희생되지 않기 위해서는 신분과 소득에 격차가 존재하고 있다는 사실을 인식해야만 합니다. 그렇지 않으면 미국 사회가 현재의 상태로 그대로 고착되어버리도록 하는 것에 우리 자신이 자기도 모르게 기여할 수 있게 됩니다.

아메리카 대륙 내에서 서부로 확장하는 데 이데올로기로 작동했던 '명백한 운명'은 그 목적을 달성하자 20세기 초반에는 아예 대류의 경계선을 넘어 해외로 팽창하는 논리가 됩니다. 미국이 제1차 세계대전에 참전하게 되는 것도 그와 동일한 이야기가 되는 것 아닌가요?

_____ 미국이 제1차 세계대전에 참전하면서 공개적으로 밝히지 않는 이유가 따로 있는데도 그것과는 다른 이유를 대는 걸 보여줍니다. 공적으로 내놓는 참전의 구실은 전 세계 민주주의를 안전하게 할 뿐만 아니라 독일의 잠수함이 미국의 배들을 공해상에서 공격했다는 것이었습니다.

참전의 준비를 다 해놓고는 미국 대통령은 처음에는 참전하지 않을 것처럼 입장을 밝힙니다. 미국인들이 젊은이들을 전쟁터에 보내고 싶어 하지 않는 분위기라는 걸 알고 있기 때문입니다. 1916년 우드로 윌슨은 "우리에게는 너무도 자존심이 강해서 싸우지 못하는 경우도 있다"라는 구호를 내걸고 재선에 성공합니다. 아무리 전쟁에 참전할 상황이 된다고 해도 미국인들의 자존심이 그런 걸 용납하지 않는다는 주장이었습니다. 제1차 세계대전이 전개되고 있는 상황에서 미국으로서는 참전은 없다는 것이었습니다. 그런 건 미국이 이미 졸업한 유럽 국가의 수준에서나 하는 짓이라는 논조였습니다.

1916년 선거에서는 미국이 전쟁에 참여하지 않을 것처럼 하다가 당선이 되고 나서 1917년이 되자 그대로 참전을 선포합니다. 적으로 규정한 쪽은 철저하게 악이고 그 반대편에서 전쟁에 참여하는 쪽은 완벽한 선이라는 주장과 함께 말이지요. 독일의 카이저는 잔혹한 일만 골라 하는 악의 무리이고, 그에 맞서 싸우는 영국과 프랑스는 미국의 편이자 선한 국가들이라는 겁니다. 그런데 과연 그럴까요? 미국이 당시 지지했던 영국과 프랑스의 제국주의는 인도와 아프리카에서 대학살을 저질렀습니다. 참전의 명분으로 독일이 벨기에를 공격하고 잔혹한 짓을 했다고 주장하기도 했지만, 정작 그 벨기에는 벨기에가 식민지로 지배하고 있던 콩고민주공화국에서 적어도 100만 명을 학살한 책임이 있는 나라입니다.

제1차 세계대전은 제국주의 국가들끼리 서로 지구상에서 식민지를 차지하겠다고 벌인 전쟁입니다. 그런데 이런 전쟁을 민주주의와 자유를 위한 전쟁으로 포장해버린 것입니다.

4년간 지속된 제1차 세계대전으로 1천만 명에 이르는 병사가 전사했고 전쟁이 끝날 무렵에는 누구도 왜 이런 전쟁을 했는지조차 생각할 수 없게 되고 말았습니다.

미국 내에서는 결국 반전운동이 일어나기 시작했습니다. 사회당과 세계산업노동자연맹이 그 기치를 들었고 반전운동에 참여했던 2천 명이 넘는 사람들이 기소되었습니다. 의회는 1917년 '간첩처벌법안Espionage Act'을 통과시켰는데 이 법은 간첩을 잡으려고 만든 게 아니었습니다. 그 법은 징병과 관련해서 비판적인 발언을 막고 그와 관련된 출판물을 내지 못하도록 하는 법입니다. 반전운동과 반전 연설을 하고 미국의 제1차 세계대전 참전에 대해 반대하면 간첩처벌법에 걸렸습니다. 사회주의 지도자 유진 데브스는 오하이오주에서 반전 연설을 했다는 이유로 이 법에 의해 10년 징역형을 언도받았을 정도였습니다.

# 제3장

# '민중은 스스로를 조직하기 시작했다'

## 20세기와 그 이후

1921년 오클라호마주에서 일어났던 '털사의 폭동과 인종학살Tulsa Race Riot' 사건에서는 어떤 일이 벌어진 것인가요? 당시 이 폭동을 일으켰던 흑인들의 삶에 대해서도 말씀해주셨으면 합니다.

_____ '털사의 폭동과 인종학살'은 미국에서 일어난 매우 극적이고 중요한 일이었지만 전통적인 역사 서술에서는 거론되지 않은 사건입니다. 그와 관련된 기억들은 실제로 모조리 지워져 버리고 말았다고 할 수 있습니다. 이 사건은 제1차 세계대전 직후 미국에서 벌어진 '반反흑인 폭동'의 물결 가운데 하나였는데, 1917년 이스트세인트루이스에 살고 있던 흑인들에 대한 참혹한 공격처럼(1917년 미국에서는 제1차 세계대전의 전시 특수로 노동력 대거 투입이 요구된 상태에서 남부 흑인들이 북부 공장 지대로 대량 이주하게 된다. 이런 현실에서 백인들이 이들 흑인 노동자가 자신들의 일자리를 빼앗는다고 여기고 흑인 주거지역을 공격해 최대한 150여 명의 흑인을 죽이고 6천여 명의 주거 공간을 불태워버렸다. '이스트세인트루이스 학살'로 불리는 사건이었다. 경찰은 백인 난동자들의 학살 행위를 제대로 진압하지 않았다.—옮긴이) 미국 전역에서 그런 일들이 발생하고 있었습니다.

이런 사태는 대체로 하나의 사건이 일어나면 이것이 연쇄적인 분노와 집단 광기를 불러일으키면서 확대되곤 했습니다. 털사의 경우에는 한 흑인 소년이 백인 여성을 성추행했다는 혐의를 받았는데 실제 그랬는지는 명확하지 않았습니다. 그런데 이 흑인 소년이 집단으로 매 맞고 있는 현장에 흑인들이 모여들어 소년을 보호하려고 했습니다. 모여든 흑인들은 무장을 하고 있었는

**털사의 폭동과 인종 학살** 1921년 오클라호마주에서 일어났던 이 사건은 제1차 세계대전 직후 미국에서 벌어진 '반흑인 폭동'의 물결 가운데 하나였는데, 1917년 이스트세인트루이스에 살고 있던 흑인들에 대한 참혹한 공격처럼 흑인 주거지역을 공격해 숱한 흑인들을 죽이고 이들의 주거 공간을 불태워버렸다.

데 상황이 심상치 않을 것이라고 보았기 때문이었습니다. 75명의 흑인이 나타나자 이내 그 반대편에서 1천 500명의 무장한 백인이 들이닥쳐서 금세 쑥대밭을 만들어놓았습니다. 털사의 흑인 주거지역은 이 사건으로 마치 전쟁이 일어난 것처럼 폐허가 되고 말았습니다. 얼마나 많은 사람들이 현장에서 학살당했는지는 아직 누구도 정확히 모릅니다.

그러고 나서 학살의 기록은 죄다 파쇄됩니다. 그건 마치 가브리엘 가르시아 마르케스(1927~2014. 기자 생활을 하다 문인으로 세계문학사에 등장한 마르케스는 자신의 조국 콜럼비아가 겪고 있던 부패와 탄압, 독재에 대한 비판을 담은 글과 작품들을 쓰면서 망명자 신세가 되었다. 그러나 그의 뛰어난 문학 세계는 이른바 '마술적 리얼리즘'이라는 새로운 문학 장르를 열었다. 1982년 노벨 문학상을 받았다. ─옮긴이)가 쓴 『백년 동안의 고독』에 나오는 파업 노동자들에 대한 대량 학살과 이후 그 증거들이 사라진 것과 같은 장면을 떠올리게 합니다. 그렇게 되고 나서는 아무도 그 학살의 진실에 대해 알고 싶어 하지 않는 것처럼 보이게 되는 거지요.

이 백인들의 폭동과 인종 학살 사건은 흑인 주거지역에 엄청난 영향을 미쳤습니다. 제1차 세계대전이 끝난 후 나온 중요한 흑인 문학과 예술은 어떤 측면에서는 이 사건에 영향을 받거나 촉발되었다고 할 수 있습니다. 1917년 이스트세인트루이스에서 일어났던 반흑인 폭동 이후 프랑스로 건너간 위대한 흑인 연기자 조세핀 베이커(1906~1975. 무용가, 가수, 연기자로 이름을 날렸는데, 미국 태생으로 프랑스에 귀화했다. 영화에 첫 출연한 흑인이다. ─옮긴이)는 이렇게 말했습니다.

"미국이라는 말만 들어도 나는 경기를 일으켰고 떨었고 악몽을 꾸게 되었다."

이런 현실을 보면 하나의 공통점이 있습니다. 이런 사건들이 언제 일어났는가 하면, 미 전역의 중형 도시에서 경제생활이 활발해지고 여기에 흑인 주거지역이 확장되면서 인구가 늘어나자 이들의 존재감이 느껴질 만한 정도가 되었을 때라고 할 수 있습니다. 그러자 흑인 남자와 백인 여자 사이에서 성 문제가 불거지고 이걸 구실로 어떤 강력한 사회적 분위기가 조성되기 시작한 것입니다. 사실 그 뿌리를 따져보면 성 문제보다는 주거지역과 관련된 부동

산과 인구문제가 더 직접적인데 이런 건 내버려두고 성 문제를 집중해서 흑인들을 공격하는 구실로 삼았다고 할 수 있을 것입니다. 일종의 병리학적 현상인 거지요.

_____ 자기들의 순수한 인종적 혈통이 다른 인종들에게 더럽혀졌다고 생각하는 것만큼 상대에 대한 혐오를 불러일으킬 만한 것도 없을 겁니다. 그런 까닭에 성 문제가 폭동이나 다른 폭력 사태를 때때로 가져오는 결정적 요인이 되기도 합니다. 그러나 그보다는 경제적 이해관계가 현실에서는 더 중요하게 작용합니다. 성 문제는 겉으로 내세우는 구실일 뿐이고 정작은 다른 문제와 관련된 분노가 작동하는 거지요. 일자리를 구하지 못하는 백인들은 자기들이 사는 도시에 흑인들이 들어와 직장을 가로챈다고 여기게 됩니다.

지난 세기의 역사를 돌아보게 될 때 이런 억압과 폭력의 역사가 거의 완전히 지워져버렸다는 사실, 그래서 정말 어떤 일들이 일어났는지, 왜 그런 일들이 생겨났는지를 좀 더 집중적으로 파고들어 역사적 서사를 새롭게 써야 마땅한 것이 아닐까요?

_____ 망각된 것이 무엇인지, 어떤 역사적 서사를 새롭게 써야 하는지, 이 두 가지 모두 중요합니다. 우선 어떤 중요한 역사적 진실이 사라져버렸는지를 인지하는 것이 필요합니다. 만일 지금으로부터 수십 년 전에 일어난 사건의 기억이 지워져버렸다면 우리는 그게 지금 어떤 문제와 연결되는지를 알아야 합니다. 과거의 기억에 관련된 조각들을 없애버리는 것은 단지 과거에만

한하지 않습니다. 그건 현재에도 지속되는 문제가 됩니다.

그래서 우리에게 중요한 역사의 기억이 박탈되었다는 것을 인식하는 작업은 중요한 것입니다. 어느 순간 이런 걸 알게 되고 배우게 되지요. 그렇게 되면, 기억에서 지워져 사라진 것들은 다시 현실로 나타나게 됩니다. 이로써 땅속에 묻힐 뻔했던 일들을 발굴해내는 작업이 가능해진다는 것을 최소한 조금이라도 확신하게 될 것입니다.

지난 과거를 기록하려는 건 흑인들만이 아니었다고 봅니다. 그런 작업에 함께하려는 선의의 백인들도 있지 않습니까?

_____ 그렇습니다. 이들은 함께 힘을 모아 역사의 시선에서 사라진 일들을 재구성하는 일에 노력해왔습니다. 이건 고무적인 일입니다. 지난 역사에서 도대체 어떤 일들이 일어났는지 이해하고 이걸 어떻게든 바로잡으려고 노력하는 남부의 백인들도 계속 존재해왔습니다.

▍

이른바 전통적인 역사 서술에서는 1930년대 대공황기란 '재즈 시대(뉴올리언스의 흑인 음악에 기원을 둔 재즈가 1920년대에 대유행을 하면서 문화적 역동성을 특징으로 하는 시대라고 불린 이름이다. 특히 라디오 보급에 따른 대중음악의 확산은 재즈가 일거에 미국과 전 세계에 유행하도록 만들었고 이에 따라 여유를 누리는 미국 사회의 상징적

**재즈 시대** '재즈 시대'는 뉴올리언스의 흑인 음악에 기원을 둔 재즈가 1920년대에 대유행을 하면서 문화적 역동성을 특징으로 하는 시대라고 불린 이름이다. 특히 라디오 보급에 따른 대중음악의 확산은 재즈가 일거에 미국과 전 세계에 유행하도록 만들었고 이에 따라 여유를 누리는 미국 사회의 상징적 현상으로 이해되었다.

현상으로 이해되었다.—옮긴이)'라고 불리는 상당히 풍요로운 시대에 갑작스레 나타나 경제적 재난 상태를 가져온 이례적인 사건으로들 묘사하고 있습니다. 그런데 선생님이 쓰신 『미국 민중사』에서는 상당히 다른 이야기를 하시더라구요. 대공황의 뿌리는 이미 1920년에 있는 거라고 말이지요.

_____ 1930년대 대공황이 오랫동안 풍요를 구가하던 미국 사회에서 이례적이라는 주장은 완전히 허위입니다. 미국은 19세기 초반부터 여러 차례 경제공황을 겪은 바 있습니다. 그 가운데 매우 혹독한 경우도 있었지요. 1873년의 대공황은 1877년에 일어났던 대규모 철도 파업의 원인 가운데 하나였습니다. 1893년에도 대공황이 있었습니다. 1930년대가 유일한 것이 아니었던 겁니다. 엠마 골드만이 뉴욕에서 1893년 대공항으로 생활이 어려워진 이들을 위해 연설한 것이 문제가 되어 감옥에 갇혔던 것도 그런 상황이었습니다.

이런 사실은 저 역시 역사를 공부하면서 알게 된 것들입니다. 사람들은 흔히 대학원 정도에서 역사를 전공하면 그 사람은 역사에 대해서 모르는 것이 없는 대단한 수준에 이르렀다고들 생각할지 모릅니다. 물론 공부하다 보면 전에는 몰랐던 걸 알게 되고 수준 높은 강의에서도 다루지 않는 것들이 있다는 것도 알게 됩니다. 그러나 모두가 다 그렇게 되는 것은 아닙니다. 저의 경우는 1930년대 이전에도 미국에 대공황이 있었다는 그 중요한 진실을 피오렐로 라가디아(1882~1947)의 생애와 경력에 대해 공부하기 전까지는 배운 바가 없었답니다. 라가디아에 대한 연구는 그의 미망인이 뉴욕시 시립 기록 보관소에 기증한 자료들을 들여다보면서 알게 된 거지요.

나중에 뉴욕 시장으로 유명해진 라가디아는 1920년경에는 뉴욕 빈민가 동부 할렘 구역에서 선출된 의원이었습니다. 저는 사람들이 그 무렵 라가디아에게 보낸 편지들을 죄다 읽었는데 그 시기는 아직도 재즈 시대라거나 풍요의 시대라고 기억되고 있는 때였습니다. 편지에는 할렘에 살고 있는 사람들의 사연이 적혀 있었습니다. "나의 남편은 실직했습니다. 우리가 전기료를 더는 낼 수 없게 되자 전기를 끊어버렸습니다. 아이들은 먹을 것이 없어 굶주리고 있어요." 이런 걸 읽으면서 뉴욕만이 아니라 미국의 다른 지역에 대한 사정도 연구하게 되었는데, 엄격한 의미에서는 대공황이라고 할 수는 없다 해도 1920년대의 미국은 한쪽에는 거대한 부가 쌓여가고 있었고 다른 한쪽에는 빈곤이 깊어가는 상황이라는 것을 알게 되었습니다.

이런 역사적 현실과 마주하게 되자 저로서는 사회적 양극화 상태가 미국의 역사에서 다른 시기에도 있었던 것은 아닐까 하고 의문을 품게 되었지요. 이와 같은 질문은 역사를 공부하면서 비로소 생겨나는 일입니다.

1950년대에 관해 연구하면서 저는 이 시기가 대부분의 미국인들에게는 경제적으로 곤란한 상황은 아니었다고 보았습니다. 그러나 이런 1950년대에도 다른 측면이 있는 것은 아니었을까, 라는 질문을 던지게 되었습니다. 그러면서 마이클 해링턴(1928~1989. 사회주의 지식인으로, 활동가이자 정치학 교수이기도 했던 그는 스탈린주의를 반대했으며 미국의 풍토 속에서 새로운 사회주의 노선이 만들어져야 한다고 주장했다. 그가 1962년에 출간한『미국의 다른 얼굴』은 자신의 부를 전 세계적으로 자랑하고 있던 미국 사회에 중대한 파장을 일으켰다.—옮긴이)이 쓴『미국의 다른 얼굴The Other America』을 읽고 그가 무슨 말을 하는지 알게 되었습니다. 그것은 제가 생각했던 것 그대로였습니다. 1950년대의 풍요 뒤에는 미국 전역에 걸쳐 고통받는 사람들이 존재하고 있었던 것입니다. 그런 점에서 보자면 대공황을 경제 상태가 밑바닥을 치는 최저점이라고 생각하고 그 시기를 전후로 한 시기는 그보다 높은 경제적 풍요를 누렸다고 말할 수 없는 것입니다.

그러고 보면 무수한 증거가 있는데도 불구하고 그런 건 반영하지 않는 전통적인 역사 서술이 어떻게 우리의 의식을 지배하게 되었는지 참 우스워요. 게다가 그런 주류 역사학의 무장을 꿰뚫고 가기가 그리 어렵다니요. 재즈 시대를 묘사한 무성영화를 보노라면, 바에서 사람들이 찰스턴 칵테일(미국 사우스캐롤라이나주 찰스턴에서 탄생한 것으로 알려져 찰스턴 칵테일이라 불렸으며, 1920년에서 1933년까지 주류 판매와 소비를 금지했던 금주 시대의 규제를 뚫고 나왔기에 더욱 인기를 끌었다. 이런 시기에 여유롭게 칵테일을 마실 수 있는 바를 출입하는 것은 부유하거나 권력이 있어야 가능했다. 이탈리아 이민자들이 중심이 된 폭력 조직 마피아는 금주법의 틈새를 타고 불법 주류 거래로 막강해져갔다. 금주법은 종교적 이유와 알코올 중독자의 증가에 따른 사회적 요인들이 있었지만, 결국 대중들의 반감으로 철회되고 나이 21세 이상에게만 주류 판매가 가능한 법이 통과되었다.—옮긴이)을 마시기도 하고 샴페인 병을 따기도 하는데 그런 현실 밖의 다른 현실은 전해주고 있지 않습니다. 가령 1932년 제1차 세계대전에 참전했던 1만 7천 명가량의 퇴역 재향군인이 자기들에게 밀린 봉급을 달라고 워싱턴 D.C.에서 시위하고 행진했던 '보너스 행진대Bonus Marchers' 이야기는 쏙 빼놓습니다. 이들은 현역군인들에 의해 진압당합니다. 이 행진에 참여했던 퇴역 재향군인들은 1920년대 풍요의 시대, 재즈 시대를 누리지 못했던 노동자들이었습니다.

_____ 이런 걸 거론하다니 참 재미있네요. 역사를 좀 공부한 사람들에게는 이게 알려진 사실이지만 대부분의 미국인들은 이에 대해 알지 못하기 때문입니다. 사실 이 보너스 행진대에 참여한 퇴역 군인들의 목소리는 대공황이 시작된 미국의 역사에서 매우 극적인 사태를 보여준 경우입니다.

이 사건은 제1차 세계대전이 종료된 지 13년이 지난 후에 일

**보너스 행진대** 제1차 세계대전이 종료된 지 13년이 지난 후에 퇴역 군인들은 전쟁에 참여했을 때 전후에 보너스를 지급받을 것이라는 약속을 믿었으나 보너스가 지급되지 않자 가두 행진을 하는 등 시위를 벌였다. 이들은 '보너스 아미'를 조직하고 워싱턴 D.C.를 향했으며 수천 명이 집결하여 미 의회 건너편 포토맥 강변에다 천막을 치고 야영하며 "우리에게 약속했던 보너스를 달라!"고 외쳤다.

어났습니다. 그리고 이 시위와 행진대에 참여한 이들은 그때 30대에 들어섰고 부양할 가족들이 있었습니다. 그런데 경제적 현실은 고통스러웠던 것입니다. 이들 퇴역 군인은 전쟁에 참여했을 때 전후戰後에 보너스를 지급받을 것이라는 약속을 믿었지만 그 약속은 이행되지 않았습니다.

자신의 목숨을 걸고 참전했고 전쟁이 끝나면 보너스를 주겠다고 했지만 그렇게 되지 않자 이들은 경제적으로 곤란해진 상태에서 '보너스 아미Bonus Army'라는 것을 자체적으로 조직하게 됩니다. '보너스 행진대'의 주력이었습니다. 이들은 미 전역에서 열차를 타거나 남의 차에 동승하거나 갖가지 방법으로 워싱턴 D.C.를 향했습니다. 수천 명이 집결했고 이들은 미 의회 건

너편 포토맥 강변에다 천막을 치고 야영을 했습니다. 이들은 워싱턴의 권력자들에게 자신들의 존재를 드러내고자 했던 것입니다. 그리고 이렇게 외쳤습니다. "우리에게 약속했던 보너스를 달라!"

당시 대통령은 허버트 후버(1874~1964)였는데 설사 다른 대통령, 또는 민주당 출신의 대통령이었을지라도 그와 다르게 행동했을지는 의문입니다. 후버는 군대를 현장에 파견해서 천막을 뜯어냈고 보너스 아미로 모인 퇴역 군인들을 내쫓아버렸습니다. 이 사태는 현대 미국사에서 가장 수치스러운 사건 가운데 하나라고 할 수 있습니다.

이 사건은 이후 대통령이 된 프랭클린 루스벨트(1882~1945)에게 일정한 영향을 미쳤으리라 봅니다. 1933년에 대통령으로 선출된 그는 경제적으로 곤경에 처한 이들의 항의를 진압하고자 군대를 파견하는 따위의 일은 하지 않겠다는 결심을 했을 것입니다. 루스벨트 대통령은 후버보다 가난한 사람들의 곤경에 민감했고, 이후 등장하는 대통령들보다 더 민감하게 사태에 대응했습니다.

루스벨트가 대통령이 되었던 1930년대에 미국은 혼란의 도가니였습니다. 미 전역에서 파업 사태가 벌어졌고 폭동도 잇달았습니다. 식량이 있는 건물은 사람들에 의해 습격당했고 먹을 것이 없는 아이들이 자신들을 보호해달라며 시청 건물을 향해 행진하기도 했습니다. 세입자들은 밀린 임대료를 내지 못해 법원으로부터 축출 명령을 받아도 이에 응하지 않았고, 집주인과 경찰들에 의해 가구들이 거리에 내팽개쳐지면 그걸 집 안으로 도로 들여오곤 했습니다. 거의 혁명 전야와도 같은 상황이었고 이로 인해 워싱턴의 권력자들은 걱정에 빠졌습니다.

이런 상황에서 루스벨트 대통령은 적절하게 행동을 취합니다. 그가 내세운 뉴딜 정책은 부글부글 끓어오르는 반란이 곧 터져 나올 것 같은 상황과 이에 민감하게 대응하는 루스벨트의 의지가 결합된 결과였습니다.

그렇게 이야기가 되면, 루스벨트의 뉴딜 정책이 혁명을 저지했다는 결론이 되나요? 선생님의 말씀이 부분적으로는 그렇게 들리기도 합니다. 그런데 역사학자들의 뉴딜 정책에 대한 이해는 서로 엇갈리더군요. 어떤 이들은 루스벨트가 미국인들을 구해내기 위해 노력하다가 결국 의도치 않게 국가 자체를 지켜냈다는 주장을 하고, 다른 이들은 미국인들을 구하려 들었다기보다는 이렇게 가다가는 정말 기존 체제가 큰일 나겠다고 여겨 자본주의를 구한 것이라는 다소 냉소적인 견해를 내놓기도 합니다. 루스벨트가 가진 관심의 주 목표에 대한 생각의 차이가 보입니다.

_____ 양쪽 다 일리가 있을 것이라 봅니다. 이렇게 말하면 극단으로 나뉜 견해의 중간에 서서 그 두 견해를 적당히 타협시키려는 게 아닌가 하고 생각할 수도 있습니다. 그러나 저는 두 견해가 동일한 무게를 가지고 있다고 여기지는 않습니다. 루스벨트는 당연히 최우선적으로 자본주의를 구하려 들었고 그걸 분명하게 의식했습니다. 이에 대해서는 이론異論의 여지가 없습니다.

**엘리너 루스벨트** 엘리너 루스벨트는 뉴욕 맨해튼에서 사회보장 관련 공무원으로 일했고 빈민들을 위해 활동했다. 가난한 사람들의 처지를 잘 이해했으며 특히 인종차별 사회에서 흑인들이 어떤 형편에 놓여 있는지 잘 알고 있었다. 이런 면모는 대통령이었던 남편 프랭클린 루스벨트에게 선한 영향력을 발휘했을 것이라고 본다. 사진은 1947년 7월 UN에서 연설하고 있는 모습이다.

　루스벨트가 혁명적 사태, 위기의 현실 앞에서 자본주의 체제를 구해내야겠다고 생각했을 것은 분명합니다. 그러나 그 또한 인간인지라 보통 사람들이 겪고 있는 곤경에 대해 반응을 보였다고도 할 수 있습니다. 만일 그런 소용돌이와 같은 위기 그리고 시스템을 무너뜨릴지 모르는 위협적인 상황이 없었다면 루스벨트가 그렇게 기득권의 일부를 허무는 뉴딜 정책이라는 것으로 쉽사리 대응에 나서지는 않았을 것입니다. 하지만 그에게는 선한 일을 해야겠다는 내면의 요구 또한 있었다고 봅니다.

　루스벨트를 평가할 때 고려해야 하는 요인이 하나 있다면 그에게는 가난한 사람들에게 마음을 쓰는 부인 엘리너 루스벨트(1884~1962)가 있었다는 사실입니다. 엘리너 루스벨트는 남편보다 더 그런 현실에 신경을 쓰는 사람이었습니다. 엘리너 루스벨트는 뉴욕 맨해튼의 남동쪽에서 사회보장 관련 공무원으로 일했고 빈민들 사이에서 활동하기도 했었습니다. 이런 면모는 대통령 루스벨트에게서 발견할 수 없는 것이었지요. 엘리너 루스벨트는 가난한 사람들의 처지를 잘 이해했고 특히 인종차별 사회에서 흑인들이 어떤 형편에 놓여 있는지도 잘 알고 있었습니다. 바로 그런 부인이 남편 루스벨트 대통령에게 선한 영향력을 발휘했다고 봅니다.

그 당시를 살아냈던 사람들의 개인적 회고를 들어보면 "우리는 버틸 수밖에 없는 한계 상황에서 해야 할 일을 해냈다"라고들 합니다. 그게 이들의 회고, 그 밑바닥에 흐르는 서사의 강한 기조라고 하겠습니다. 없는 형편에 서로 나누고 어떻게든 헤쳐나갈 방법들을 찾고 힘들게 난관을 돌파하는 등의 이야기, 말하자면 자력으로 견뎌내는 삶의 현장을 전해주고 있습니다. 반면에 구제 프로그램, 영양 공급 대책, 공공사업 프로그램 등이 또한 대공황 시절의 이야기로 남아 있습니다. 그렇다면 서로 상반되어 보이는 이 두 상황, 경험, 삶은 어떻게 하나의 시대적 서사가 될 수 있을까요?

_____ 사람들은 대체로 자기 자신이 스스로 곤경을 극복해냈다고 생각하고 싶기 마련입니다. 그건 또 미국 사회의 한 문화적 측면이기도 합니다. 남들에게 의존하지 않고 자기 힘으로 버텨냈다, 그래서 정부의 지원에 의존하지 않았다, 하는 것에 대해 어떤 자부심을 느끼는 것입니다.

하지만 또한 사람들은 절박한 상황에 부닥치면 그런 자부심을 더는 유지할 수 없게 됩니다. 그래서 생존을 위해 정부의 지원이 필요하다는 것을 인정하게 됩니다. 우리 집안의 경우만 생각해 봐도 그렇습니다. 가난한 가정이었고 부모님들은 노동으로 먹고 살았습니다. 노동자 계급의 가정이었지요. 그때 우리는 브루클린에 살았는데 아버지와 어머니는 두 분 다 의류 공장에 다니셨답니다. 그러다가 아버지가 레스토랑 웨이터가 되셨는데 공황이 덮치자 일자리를 잃었습니다. 두 분 다 자부심이 강하고 식구들을 위해 정말 언제나 열심히 일하시는 분들이었습니다.

그런데 저는 우리 어머니가 무료 식량 배급소에서 줄을 서 계셨던 것을 생생하게 기억하고 있습니다. 나중에 이 이야기를 어머니에게 하자, 어머니는 머리를 흔드시면서 "무슨 소리냐? 나는 그런 적이 없단다"라고 하시더라구요.

한편, 뉴딜 시대에 사람들은 개인적 차원에 머무는 생존 투쟁에만 몰두하지 않았습니다. 사람들은 서로 협동하고 함께 문제를 풀어갔습니다. 그런 삶의 태도를 공황이 만들어내기도 했던 것입니다. 제가 살던 곳에서 사람들은 서로 힘을 합해 집주인이 세입자들을 쫓아내는 것을 막아냈고 퇴거 명령을 받은 세입자들의 가구가 길거리에 내동댕이쳐졌을 때 그 가구들을 다시 집 안으로 가져오는 일을 함께하곤 했습니다. 이렇게 그 어려운 시기에 사람들은 서로를 도와가면서 현실과 마주했던 것입니다.

뉴딜 정책 자체도 사람들을 하나로 힘을 모으게 했습니다. 뉴딜 정책의 일환으로 만들어진 공공사업진흥국WPA(Work Projects Administration. 1935년에 만들어져 수백만 명의 실업자가 공공사업에 취직해 일할 수 있도록 하여, 제2차 세계대전이 일어나기 전인 1943년

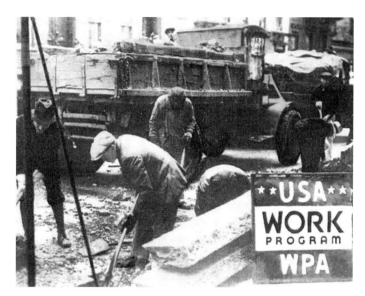

**공공사업진흥국** 공공사업진흥국은 1935년에 만들어져 거리에 나무 심기나 청소 등의 일자리 프로젝트를 통해 제2차 세계대전이 일어나기 전인 1943년까지 최대 900만 명의 실업자에게 혜택을 주었다.

까지 최대 900만 명의 실업자가 혜택을 보았다.—옮긴이)은 그 일자리가 거리에 나무를 심는 것이든 청소를 하는 것이든 일자리 프로젝트를 통해 사람들이 하나로 뭉쳐 힘을 합하도록 만들었습니다. 연방정부 차원에서 추진했던 페더럴 아트 프로그램Federal Arts Program은 뉴딜 정책의 대단한 성과였습니다. 이 프로그램으로 예술가들은 처음으로 자유시장의 변덕에 자신들의 운명을 맡기지 않아도 되었습니다. 이후로도 이만한 프로그램이 나온 적이 없을 정도입니다.

뉴딜 정책은 작가들도 하나로 모아 책들을 낼 수 있게 했습니다. 예술가들에게는 함께 벽화를 그릴 수 있게 했고 연기자들에게도 그런 기회를 마련해서 이 역시도 연방정부가 지원한 페더럴 시어터 프로젝트Federal Theatre Project에 따라 수백 편의 작품이 무대 위에 올려질 수 있도록 했습니다.

따라서 어떤 점에서는 대공황기를 보내고 있던 사람들은 정부의 지원에 의존하는 것을 배우기도 했고 그와 함께 여러 차원에서 매우 따뜻하고 협동적인 자세를 기른 시기라고 할 수 있습니다.

그렇게 그 시절에 어려움을 견뎌냈던 사람들의 이야기를 듣다 보면 그때 실제로 어떤 상황이 펼쳐졌는지가 드러나곤 합니다. 그런데 대공황기에 자기 스스로 뭔가 이겨냈다는 식의 이야기에서 때로 의문을 가지게 되기도 합니다. 이 시기 사람들은 가족의 해체를 겪기도 하는데 그런 이야기들은 잘 들어보지 못했단 말이지요. 실제로는 수십만 명의 가장이 집에서 나왔고 아이들은 내버려졌고 부인들도 그런 처지가 되었습니다. 미국의 대도시에는 이렇게 방치된 아이가 무수히 많아졌고 아무도 돌보지 않은 아이들이 생겨난 건데 모두 대공황기의 경제 형편 때문에 그랬던 것 아니겠습니까?

일종의 사회적 붕괴 현상이 발생한 거지요. 시애틀, 샌프란시스코, 뉴욕 등 대도시에는 주거 부정의 부랑자들이 득실거렸고 철도 부근의 야영장에는 노숙자 신세가 된 남자들이 넘쳐났습니다.

따라서 우리가 그 어려운 시기를 헤쳐나온 이야기만 주로 해버리면, 정작 그 경제공황 시기에 가슴 아프고 끔찍했던 일들에 대해서는 외면하게 되는 건 아닐까요?

_____ 당시 사람들이 겪었던 고통의 깊이와 가족의 해체에 대해 다시 환기해서 재정리하는 것은 매우 어려운 일이기도 합니다. 사람들은 집을 떠나 일자리를 구하기 위해 여기저기 떠돌아다녔고 가정은 풍비박산이 났습니다. 아이들은 남의 가정에 의탁되거나 국가의 보호 아래 놓였습니다. 사실 시간이 흐르면서 그런 삶이 얼마나 가혹했는지는 점차 잊혀지고 기억도 무뎌져갔습니다. 그때의 일을 떠올리면서 이야기한다는 것도 이렇게 시간이 지나면서 실체를 잃어버리곤 했지요.

ǀ

이제 제2차 세계대전 이야기로 넘어가 볼까요? 이 전쟁은 '선한 전쟁Good War'이라고 불렸습니다. 말하자면 이 전쟁에서는 사람들이 서로 어깨를 걸고 공동의 적과 맞서 하나로 뭉쳐 싸운 전쟁이라고 말이지요.

그런데 그런 이야기 속에서 문제가 되었던 것 하나를 골라보자면, 미국에서 살고 있던 일본계 미국인들과 일본인들을 수용소에 가둔 사건을 들 수가 있습니다. 이런 사례는 아시아 이민자들의 이민사에서 늘 있었던 건지, 아니면 전에는 없던 이례적인 돌출 사건인 건지요?

_____ 그 시기에 있었던 미국계 일본인과 일본인들을 수용소에 가둔 것은 일본의 진주만공격 직후였는데, 그건 반일본, 반아

**일본계 미국인의 강제 수용** 일본이 진주만을 공격하자 루스벨트 대통령은 미국 서해안 지역에 살고 있는 일본인과 일본계 미국인이 일본 해군에게 정보를 넘길 수 있다며, 이들을 모두 수용소에 가두라는 명령을 내렸다. 일본인들은 강제 수용소에 들어가기 전에 캘리포니아의 산타애니타 임시 수용소에 머물렀는데, 사진은 1942년 4월 무장한 경비원들이 지켜보는 가운데 일본인들이 산타애니타 임시 수용소의 접수센터에서 개인 정보를 등록하려고 기다리고 있는 모습이다.

시아 감정의 차원에서 봐도 미국 역사상 상대적으로 극적인 사태였습니다. 하지만 이런 사태는 이때만은 아니었습니다. 미국에서는 후발 이민자나 비非백인 이민자들에 대한 반감이 늘 있어 왔기 때문입니다. 19세기 후반만 해도 중국 이민자들을 추방하기 위해 '중국인 배척법안Chinese Exclusion Act'이 통과되었습니다. 미국에서는 19세기 후반과 20세기 초반에 아시아계 이민자들이 언제나 차별의 대상이 되었던 거지요.

그렇기 때문에 제2차 세계대전에 일어났던 일본인 수용소 감금 사건은 그걸로만 따로 떨어져 생긴 일은 아니었습니다. 하지

만 일본의 진주만공격으로 일본인들만을 상대로 하는 집단 히스
테리 현상이 특별하게 일어나고 만 것이지요. 바로 그런 분위기
속에서 미국의 전쟁부는 미국 서해안 지역에 거주하고 있는 모
든 일본인이 일본 해군에게 정보를 넘긴 첩자라는 식의 정보 왜
곡을 자행했었습니다.

당시 루스벨트 정부가 저지른 가장 끔찍한 조처 가운데 하나
는 서해안 지역에 살고 있는 일본인 가족들을 모두 수용소에 가
두라는 명령을 내렸던 것입니다. 그 수로만 따져도 11만 명이 넘
었습니다.

이런 조처들은 미국인으로서 결코 자부심을 가질 수 없게 만
듭니다. 그런 까닭에 제2차 세계대전은 선한 의도를 가진 전쟁
이라는 주장에 의문을 품게 되는 것입니다.

최악의 인종주의자 가운데 하나였던 히틀러와 전쟁을 벌인다
고 해놓고는 정작 미국은 이 전쟁을 치르면서 10만 명이 넘는 사
람들을 수용소에 가두는 인종차별적 행동을 취했고, 전쟁이 한
참 전개되고 있던 중에 흑인 병사를 백인 병사와 분리해서 따로
병영을 만들었습니다. 인종차별이었습니다.

저는 제2차 세계대전 당시 공군에 소속되어 있었는데 고백하
자면 이때 그런 인종차별의 현실을 제대로 의식하지 못했습니
다. 그러다가 어느 날 미주리주에 있는 제퍼슨 병영에서 제 자신
이 흑인 병사들 틈에 있다는 것을 퍼뜩 깨달았습니다. 전에는 이
들의 존재가 눈에 들어오지 않았습니다. 백인들에게 흑인의 존
재가 투명인간처럼 되어왔던 것과 다를 바가 없었던 거지요.

일본계 미국인들과 일본인들이 수용소에 갇히고 흑인 병사들이 인종차별을 받고 있다는 것을 알게 되고부터 저는 이른바 '선한 전쟁'이라고 한 이 전쟁에 대해 점점 더 의문을 가지게 되었던 것입니다.

저는 전쟁 당시 공군 폭격기에 소속되어 있었고 영국에서 막 돌아왔던 때였습니다. 유럽에서의 전쟁은 끝났던 거지요. 그러고는 잠시 뒤에 일본 공습 작전에 배치되었습니다. 그 임무에 앞서 30일간의 휴가를 받았고 유럽 전선에 배치되기 직전 결혼도 했던지라 아내와 저는 함께 휴가를 떠나기로 했었습니다. 여행 중 어느 버스 정류장에 멈췄는데 거기에서 대문짝만하게 '일본 히로시마廣島에 원폭 투하'라고 씌인 호외가 붙어 있는 것이었습니다. 그때 제가 어떤 생각을 했는지 아십니까? **"음, 이건 정말 잘되었군. 전쟁은 이제 끝나겠어. 나는 일본에 갈 필요가 없게 되었고 아시아 전쟁 공급 임무를 수행할 일이 없게 된 거로군."**

그런데 전후戰後, 저는 존 허시(1914~1993. 중국에서 활동한 선교사의 아들로 중국에서 태어나 당연히 아시아에 대한 이해가 남다른 작가이자 언론인이었다. 그는 사실에 기반한 보도와 소설의 이야기체 방식을 결합하는 뉴저널리즘을 일찍이 주도했다. ─옮긴이)가 쓴 『히로시마』라는 책을 읽게 되었습니다. 그는 히로시마에 가서 생존자들과 인터뷰를 했고 그 기록을 남겼습니다. 생존자들이 어떤 모습이었을지 상상이나 될까요? 이들은 팔이 없거나 다리가 없었고 눈이 멀었으며, 피부는 도저히 봐줄 수 없게 처참했습니다.

존 허시는 이들 생존자와 이야기를 나누었고 그들의 이야기를 잘 담아냈습니다. 그는 매우 훌륭한 기자였으며 저는 그의 책을 읽으면서 처음으로 제가 무슨 짓을 했는지 깨달았습니다. 유럽의 여러 도시 위에다 폭격기로부터 포탄을 떨어뜨렸던 저로서는 그게 인간에게 어떤 일을 저질렀던 것이었는지 비로소 알게 되었던 것입니다. 3천 피트 이상의 상공에서 유럽의 여러 도시에 포탄을 떨어뜨린 게 대체 어떤 일인지 생각하기 시작했습니다. 그 높이에서는 지상에 무엇이 있는지 알아볼 수 없습니다. 인간이라는 존재는 당연히 볼 수 없지요. 이들이 흘리는 피 또한 볼 수 없습니다. 이들이 지르는 비명 소리도 듣지 못합니다. 온몸이 찢겨나간 아이들도 보이지 않습니다. 그러니 자기 자신이 무엇을 하고 있는지를 알아차리지 못할 수밖에 없었던 겁니다.

책을 읽고 난 뒤 저는 제가 유럽의 여러 도시를 폭격했던 일에 대해 자세히 돌아보게 되었습니다. 폭격으로 민간인들을 죽이는 것은 저의 의지와 상관없이 애초 의도된 것이었다는 것도 알게 되었습니다. 노동자들이 많이 살고 있는 도시들을 폭격하고, 독일인들의 사기를 꺾기 위해 도시를 파괴하는 것은 우연한 폭격이 아니라 의도적인 전략이었던 것입니다. 그러니 독일의 함부르크나 프랑크푸르트에서 6천 명이 죽었고, 그리도 폭격이 치열했던 드레스덴에서 1945년에 수십만 명이 폭격으로 사망했던 것입니다.

역사가의 작업은 3천 피트 상공과 지상, 이 두 관점을 다 동원해서 세계를 봐야 하는 거겠지요. 그래서 뭔가 일관된 세계 이해를 만들어내야 하는 것 아니겠습니까? 그런데 선생님께서는 제2차 세계대전 당시 했던 역할을 후회한다고 말씀하시지만, 그건 전쟁에서 승리하기 위해 필요한 과정이 아니었나요? 폭격을 하지 않을 수 있었을까요? 히틀러를 패배시켜야 했던 것 아니겠습니까? 저는 이런 상황에 과연 어떤 도덕적 판단이 기준이 되어야 할지 사실 확신하는 것은 아닙니다만.

_____ 글쎄요. 이건 정말 끔찍해, 참아낼 수 없는 일이야, 하지만 어쩔 수 없지 않은가, 라는 식의 도덕적 판단에 대해서는 저는 동의하지 않습니다. 실제로 일어난 일들은 그런 것보다 훨씬 복잡합니다. 사람들은 이런저런 증거들을 한데로 모아놓고는 간단명료한 판단을 요구하기도 합니다. 가령 그건 선한 선택이었는가? 아니면 그 반대인가? 정당화될 수 있을까? 부당하다고 결론지을 수 있을까? 하지만 전쟁의 현실은 자신들이 지지하는 증거만 가지고 내리는 판단이 통용되지 않습니다.

적어도 제가 말할 수 있는 것은 다음과 같은 방식의 논리는 거부해야 한다는 겁니다. 이런저런 걸 다 대강 뭉뚱그리고는 "음, 그건 필요했던 일이야"라든가, 히로시마와 나가사키長崎 원폭 투하에 대해 자세히 들여다볼 생각은 하지 않고, "오, 그건 전쟁을 이기기 위해 불가피하지 않았나?" 하는 식의 주장 말입니다. 히로시마와 나가사키 원폭 투하의 진실을 알게 되면 그건 결코 불가피했다, 필요했다, 라고 말할 수 없습니다.

히틀러는 악인가? 당연합니다. 무솔리니도 마찬가지이고 일본 제국도 악이었습니다. 그러나 그렇다고 해서 그것이 미국이 저지른 무수하게 잔혹한 행위를 받아들여도 된다는 논리가 될 수는 없습니다. 그런데 바로 그 정당화될 수 없는 일을 우리 미국은 저질렀습니다. 잔혹한 행위를 말이지요. 미국은 보통의 평범한 독일인 60만 명을 죽였습니다. 이들 사망자는 히틀러가 아닙니다. 그들은 그저 보통의 독일인일 뿐입니다.

그와 비슷한 수의 일본 민간인도 우리는 죽였습니다. 보통의 평범한 일본인 남자와 여자, 아이들을 도쿄東京 폭격 단 한번으로 말입니다. 그런데도 사람들은 "히틀러를 제압하기 위해서는 그렇게 하지 않을 수가 없었다"고 말하지만 그렇게 간단하게 판단하고 결론을 내릴 수 있는 일이 아니었습니다.

이렇게 과거의 역사를 돌아본다고 해서 그때의 역사를 바꿀 수 있다고 주장하려는 것은 아닙니다. 오늘날에도 우리가 중동에서, 베트남에서 도시와 사람들 머리 위에 포탄을 쏟아내면서 저지르는 잔혹한 행위로 해서 또다시 과거의 과오를 되풀이하지 않도록 하자는 것입니다. "공산주의를 막기 위해 베트남 폭격은 어쩔 수 없는 일이야", "테러를 저지하기 위해서 중동을 폭격하는 것은 불가피해" 하는 식이 되어서는 안된다는 것입니다. 우리는 제2차 세계대전을 제대로 되돌아봐야 합니다. 그래야 오늘날의 현실을 위해 그로부터 뭔가 배우고 어떻게 행동해야 할지 알게 되기 때문입니다.

저는 그 전쟁을 치러 보았고 어느 날 마침내, 전쟁 자체는 결코 용납되어서도 안 되며, 그 전쟁이 설사 악한 적과 싸운 것이라고 할지라도 이른바 '선한 전쟁'이라고 불려서도 안 된다는 결론에 이르렀습니다. 전쟁은 필연적으로 수많은 무고한 사람들을 무차별적으로 죽이게 되어 있기 때문에, 그런 전쟁이 도덕적으로 정당화될 수는 없다고 생각합니다.

물론 악에는 저항해야 하고 그래야 하는 건 진실입니다. 그러나 그렇다고 해도 악이 오로지 전쟁으로만 저지될 수 있다고 믿는 걸 과연 우리가 그대로 받아들여야 하는 걸까요? 우리는 우리가 살고 있는 시대에서도 누가 봐도 분명히 강력한 독재 체제가 전쟁을 치르지 않아도 무너진 것을 여러 번 보았습니다. 독재자가 죽기도 하고, 제국이 자신을 너무 확장하다가 끝나기도 합니다. 수많은 사람들이 들고일어나 독재 체제가 갑작스럽게 허물어집니다. 남아프리카의 인종차별 체제인 아파르트헤이트는 그걸 종식시키기 위해서 유혈 사태가 될 내전이 요구된다고들 생각했지만 그렇게 하지 않고도 철폐되었습니다. 그러기에 우리는 우리의 행동이 가질 수도 있는 비도덕성을 너무 쉽게 받아들여서, 히틀러를 패배시키기 위해서는 전쟁이 필요했다는 논지를 그대로 정당화시켜서는 안된다고 봅니다.

제2차 세계대전 이래 군인이 죽는 비율에 비해 민간인이 죽는 비율은 계속 증가했습니다. 제1차 세계대전 때는 군인 전사자 90퍼센트에 민간인 사망자가 10퍼센트였는데 제2차 세계대전에 와서는 그 비율이 50 대 50이 됩니다. 민간인 전쟁 사망자로만 치면 80퍼센트나 85퍼센트가 늘어난 것입니다.

제2차 세계대전 이후 저에게는 전쟁에 대한 생각이 변했습니다. 전쟁이란 속성速成 해결책이라는 것입니다. 폭력은 문제를 빠르게 푸는 방식인 듯한데 이건 마치 마약과 같은 것이라 할 수 있습니다. 마약을 먹으면 당장에야 뭔가 황홀해져서 다 괜찮아지는 것 같지만, 그러고 나서도 그 사람에게 고통을 주고 있던 문제는 그대로 남습니다.

전쟁이 끝나고 난 다음에 저는 1천 600만의 군인에게 조지 마셜 장군(1880~1959. 루스벨트 대통령 시절에는 육군 원수, 트루먼 정부에서는 국무부 장관, 국방부 장관을 역임했다. 제2차 세계대전 이후 전후 경제 복구를 위한 유럽부흥계획 기금으로 그의 이름을 따 마셜플랜이 추진되었다.—옮긴이)이 보낸 편지를 받았습니다. 사신私信이 아니라 공적 서한이었습니다. 편지에는 이렇게 씌어 있었습니다.

"제군들, 축하하네. 우리는 마침내 전쟁에서 승리했고 이제 새로운 세상이 펼쳐질 걸세."

하지만 새로운 세상은 결코 오지 않았습니다. 히틀러와 무솔리니는 갔지만, 파시즘, 독재 체제 그리고 군사적 잔혹함은 전 세계에 여전했던 것입니다. 인종차별도 그대로 있었고 전쟁은 그야말로 사라지지 않았습니다.

그래서 전쟁은 문제 해결책으로는 더는 결코 받아들여서는 안 된다는 결론을 내렸습니다. 사실 이는 이 시대를 살아가는 인류에게 던져진 대단히 막중한 도전적 과제이기도 합니다. 말하자면 이런 질문이 될 겁니다.

"무수한 사람들의 인명을 희생시키지 않고 어떻게 독재와 침략 그리고 부정의의 문제를 해결할 수 있을 것인가?"

선생님이 말씀하신 대로라면, 제2차 세계대전이라는 것이 우리 미국인들을 하나로 단합시켰다고들 기억하고 있지만, 사실은 미국 역사에서 펼쳐졌던 저항운동은 전시戰時였던 1940년대에도 멈추지 않았다는 것이 됩니다. 달리 말해서, 제2차 세계대전 시기에도 미국인들의 여론은 하나로 통합되지 않았다는 걸 말씀하시는 건가요?

_____ 전쟁을 지지하는 미국인들의 하나 된 여론이라는 것이 있었지만 그 지지 여론의 수준은 시간에 따라 달라집니다. 가령 이런 겁니다. 유럽에서 전쟁이 시작되었던 초기, 대부분의 미국인들은 그 전쟁과 관련해서 그 어떤 것도 하고 싶어 하지 않았었습니다. 자기 자신을 방어해야 하는 불가피한 상황이 생기지 않고서는 전쟁에 대한 근본적인 반감이 있을 수밖에 없었던 것입니다. 그러기에 루스벨트는 1940년 대선 과정에서 미국은 참전하지 않는다는 걸 내세워 선거운동을 했었습니다.

그러나 일본이 진주만을 공격한 뒤 공포 분위기가 조성되면서 애초에는 전쟁에 대해 반감을 가졌던 나라가 전쟁을 위해 총동원 체제가 될 가능성이 생겼던 것입니다.

물론 그렇다고 해도 여전히 미국의 참전을 바라지 않았던 이들도 있습니다. 정치적 스펙트럼으로 보자면 좌와 우에 걸쳐 참전 또는 전쟁 반대론자들은 다양했습니다. 미국은 유럽의 전쟁에 관여해서는 안 된다고 본 우익 단체 '미국 우선주의자America Firsters'가 있었고, 친나치적인 준군사조직으로 '독일계 미국인 연합German American Bund'의 조직원들도 그랬는데 이들은 히틀러를 숭배한 자들이었습니다. 이와는 극단적인 대치점에 있던 이들로는 평화주의자들이 있었습니다. 이들은 전쟁 자체를 반대했던 이들로 징병 반대 운동으로 말미암아 수천 명이 전쟁 동안 감옥에 갇혔었습니다.

미국의 공산당은 전쟁을 지지하고 나섰습니다. 그러나 이보다는 규모가 작은 좌익 단체들도 있었는데 트로츠키주의자들이나 사회주의노동자당 등이 반전을 내세웠습니다. 이들 가운데 일부는 반전운동을 했다는 이유로 기소되어 투옥되기도 했습니다.

제2차 세계대전은 미국사에서 나름 가장 인기가 높은 전쟁이라고 해도 과언이 아닐 겁니다. 미국독립전쟁의 경우는 그보다 훨씬 이견도 많았고 동의하지 않는 이들도 많았었습니다.

제2차 세계대전에 대한 미국인들의 인식은 선한 목표를 가진 전쟁이었다는 걸로 고정되어 있었습니다. 역사학자로 방송인으로 활약했던 스터즈 터클(1912~2008)이 전쟁 당시에 살아 있던 퇴역 군인과 그 밖의 사람들과 이야기하면서 구술사를 집필했을 때 그 책의 제목을 『"선한 전쟁": 제2차 세계대전 구술사"The Good War": An Oral History of World War II』(1984)라고 달았습니다. 그런데 이 책을 자세히 보면, 책 제목에 인용부호 따옴표를 딱 달아놓았다는 걸 알게 됩니다. 이렇게 한 이유는 그가 사람들과 이야기를 나누면서 보니까 모두가 다 일치해서 제2차 세계대전이 선한 전쟁이라고 여기지 않았다는 걸 알게 되었기 때문입니다. 그래서 이 따옴표 표시는 '이른바'라는 의미를 가진 표현 방식이라고 하겠습니다.

저로서는 미 전역을 다니면서 사람들과 이야기를 해보니 제2차 세계대전에 대해 입을 여는 것이 매우 힘들 뿐만 아니라 비판적인 언급을 조금이라도 하는 게 쉽지 않구나 하는 걸 알게 되었어요. 그렇지만 참전한 사람들 가운데 어떤 사람들은 제게 편지를 보내 "저도 그 전쟁에 대해 선생님과 똑같이 느끼고 있습니다"라고 토로했습니다. 유럽에서 참전 중에 크게 부상당했고 지금은 덴버에 사는 어떤 분도 제게 편지를 이렇게 써서 보내왔습니다. "저는 전쟁에 대해 전혀 믿지 않습니다." 이렇게 보자면, 이른바 제2차 세계대전이 선한 전쟁이라는 것에 의문을 제기하는 것에 그치지 않고 어떤 전쟁이든지 그에 대해 비판적인 입장을 가지고 있는 사람들이 있는 것입니다.

그런데 정말 그런 전쟁의 가장 끔찍한 유산은 '선한 전쟁'이라는 기억으로 어떤 전쟁이든 정당화해왔다는 사실입니다. 그게 제2차 세계대전의 가장 위험한 면모입니다. 세계대전은 이미 지난 일이고 그에 대해 우리가 어떻게 뭔가 할 도리는 이제 없습니다. 그 전쟁이 선하든 악하든 다 과거지사가 되었기 때문입니다. 하지만 그 전쟁을 선한 전쟁이라고 규정하면서 그걸 가지고 오늘날에도 계속 비유를 들어 써먹고 있는 것입니다. 그래서 우리의 적을 '히틀러 같은 자'라는 식으로 낙인찍습니다. 그렇게 상대를 적으로 규정한 명단에는 베트남의 호찌민(1890~1969), 파나마의 마누엘 노리에가(1934~2017), 이라크의 사담 후세인(1937~2006) 등이 있습니다. 이들과 싸우지 않으면 독일 나치와 싸우지 않고 유화정책을 펴서 히틀러의 힘을 키웠다고 비난받는

**뮌헨 협정** 1938년 9월 30일 뮌헨 협정을 조인하기 전에, (왼쪽에서부터) 영국의 총리 네빌 체임벌린, 프랑스의 총리 에두아르 달라디에, 독일의 총통 아돌프 히틀러, 이탈리아의 두체 베니토 무솔리니가 뮌헨에서 만나 찍은 사진이다. 이후 독일 나치와 싸우지 않고 뮌헨 협정을 맺음으로써 히틀러의 야심만 키워주었다는 비난을 받게 된다.

영국 총리 네빌 체임벌린(1869~1940) 꼴이 된다는 식입니다.(네빌 체임벌린은 1937년에서 1940년까지 영국 총리를 지낸 보수당 정치가로서, 1938년 뮌헨에서 히틀러와 체코슬로바키아의 일부를 독일 나치가 차지해도 된다는 협정에 서명하면서 독일과의 군사적 갈등을 피했지만 이후에는 히틀러의 야심만 키워주었다는 비난을 받게 된다. 그런데 이 협정에는 이 두 나라말고도 프랑스와 무솔리니가 집권한 이탈리아도 함께 서명했다. 이 뮌헨 협정이 이후 비판의 대상이 된 것은 여기에 작동한 유화정책이 독일의 침략 전쟁을 가져왔다는 것인데, 이로써 이에 대항하는 전쟁은 정당하다는 걸 강조하는 논리가 되었다. —옮긴이) 이렇게 선한 전쟁이라고 주장하는 제2차 세계대전은 그때와는 전혀 다른 상황에서도 전쟁을 정당화시키는 논거처럼 활용되어 사람들에게 전쟁을 지지하도록 만들고 있는 것입니다.

지금 선생님이 말씀하신 미국사에서 일어난 일종의 패턴은 미국의 보통 시민들이 문제를 제기하면, 그걸 묵살하고 탄압하는 현실도 보여줍니다. 몰아대고 탄압하고, 통제하는 사태의 반복 말입니다. 노예 반란도 그렇게 짓밟지 않았습니까? 남북전쟁이 끝난 뒤 이어진 재건 시대가 마무리되어가면서 다시 흑인들을 탄압하고, 제1차 세계대전이 끝나고 제2차 세계대전이 일어나기 전 미국의 여러 급진적인 운동도 그렇게 탄압했지요. 제2차 세계대전도 똑같은 패턴에 들어갔던 것 아닌가 싶습니다. 권력자들이 대공황 시기에 정치적 반기를 들었던 운동들을 전쟁을 명분 삼아 진압해버리는 사태가 벌어졌으니 말이지요.

_____ 전쟁은 정부에게 평소 하고 싶었던 걸 할 수 있도록 하는 기회를 주었습니다. 그건 자신들에게 반대하는 세력, 운동, 이견을 표명하는 상황을 통제하는 것입니다. 제2차 세계대전 역시도 그랬습니다.

　소련이 미국과 필적할 만한 강대국으로 등장했던 냉전 시기에도 그런 상황이 벌어지는 것을 보게 됩니다. 소련의 존재 그리고 공산주의의 위협에 대한 과장된 선전 등은 트루먼 정부 당시 정부 공무원들에게 그 자리를 보존하려면 충성서약을 하라는 정책을 강제적으로 밀고 나갈 수 있게 했습니다. 연방수사국의 권력은 엄청 확대되었습니다. 게다가 의회의 청문회에서 자신의 정치적 소속이 어디인지에 대해 말하지 않으면 감옥에 가두기도 했습니다. 냉전 초기에 이렇게 윽박지르는 일들이 통했던 이유 가운데 하나는 공산당이나 사회당에 당적을 가지고 있거나 있었다는 게 드러나면 곤란한 상황에 처했기 때문입니다. 그러니 그런 입장에 놓인 이들이 입을 다물 수밖에 없었지요.

이런 상황은 정부가 사람들의 생각을 통제할 독재 권력을 가질 수 있게 만들어갔습니다. 정부 권력이 국민들에 대한 전제적 통제권을 가지게 되는 겁니다. 명분은 미국이 위험에 처해 있다, 그래서 권리장전Bill of Rights이 보장하고 있는 민주적 자유를 더는 누릴 수 없게 되었다는 논리입니다.

전쟁이란 이렇게 인간의 마음에 독이 퍼지게 합니다. 전쟁은 전쟁에 관여되는 모든 사람들을 그런 식으로 독을 먹게 하고 맙니다.

I

미국사의 여러 장면을 되돌아보면서 선생님은 이 나라 그리고 그 과거에 대해 상당히 격렬한 비판을 해오셨습니다. 하지만 자신의 역사를 제대로 보는 나라가 지구상에 과연 있기는 한 건가요? 세계 어떤 나라가 자국민들에게 정의를 실현하고 노동자들을 지켜주는 역사를 가지고 있나요? 미국이 정말 문제가 많다고 주장해오셨는데 그래도 이만하면 공정한 거라고 판단할 여지는 정말 없나요?

_____ 저처럼 미국의 대외 정책, 국내 정책을 신랄하게 비판하면 "아니 이보다 더 나은 나라가 있기는 한 거야?"라는 역공을 받기도 합니다. 그런 질문이 전제하고 있는 것은 지구상의 다른 곳도 문제투성이인 데다가 결국 진짜 괜찮은 나라를 발견할 수 없다면 미국 정도는 그야말로 최선이 분명한 거 아니야, 라는 논리입니다. 저는 그런 논리를 받아들일 수 없습니다. 이 지구상에 정말 좋은 나라가 존재한다고 생각하지도 않지만 그게 미국은 이만하면 문제없다고 봐야 한다는 식의 논리를 정당화시켜주지는 않습니다. 우리 인간은 애초부터 불완전한 사회에서 살아가고 있습니다. 어떤 곳은 그야말로 가공할 정도로 끔찍하기도 합니다. 미국과는 비교할 수도 없이 자국민들을 억압하는 나라도 있고, 보다 처참한 빈곤이 존재하는 나라도 있습니다.

그러나 미국보다 좋은 의료보험제도, 사회보장제도를 가진 나라들도 엄연히 있습니다. 아이와 노인 그리고 실업자 들을 보다 잘 돌보고 있는 나라가 있는 겁니다.

유엔이나 세계보건기구의 통계를 살펴보면, 괜찮은 의료보험 정책, 그러니까 부자만이 아니라 가난한 사람을 돌보는 사회보장제도를 가진 나라의 순위에서 미국은 전 세계 20위입니다. 미국보다 유아사망률이 낮은 나라는 25개국이나 됩니다. 미국에서 태어나는 다섯 명의 아기 가운데 한 명이 빈곤층입니다. 미국보다 문맹률이 훨씬 낮은 국가들도 있습니다.

물론 우리보다 열악한 조건에 처한 나라가 있기는 하지요.

다른 통계를 한번 볼까요. 미국은 200만 명이 넘는 인구가 수

**미국의 감옥 시스템과 과잉 수감 문제** 미국은 200만 명이 넘는 인구가 수감자인 나라로 세계 어떤 나라보다 전체 인구에 비해 수감자 인원 비율이 최고를 기록하고 있다. 200만 명 이상이 감옥에 갇혀 있으며, 감옥에 갇혔던 적이 있거나, 보호관찰 중인 사람들까지 포함하면 그 숫자는 무려 600만 명에서 800만 명이나 된다. 하워드 진은 이런 현실은 그야말로 미국이 잘못된 나라라는 증거라고 주장한다.

감자인 나라입니다. 세계 어떤 나라보다 전체 인구에 비해 수감자 인원 비율이 최고입니다. 200만 명 이상이 감옥에 갇혀 있고 감옥에 갇혔던 적이 있는 사람들, 보호관찰 중인 사람들까지 포함하면 무려 600만 명에서 800만 명이나 되는 나라는 뭔가 잘못된 것입니다.

미국이 현재 전 세계 어떤 나라보다 그야말로 나쁜 나라라는 것을 입증하는 또 다른 증거가 있습니다. 미국은 군사력을 동원해 다른 나라들을 침략하고 우리에게 그 어떤 위협도 가하지 않은 먼 나라에 살고 있는 사람들까지 죽여버립니다. 미국 정부는 이런 짓을 1898년 미국-스페인 전쟁 이래 계속해왔습니다.

제가 말씀드리려는 것은 미국에 대한 문제를 비판하기 위해

군이 지상의 어떤 좋은 나라를 찾으려 들 필요는 없다는 것입니다. 미국을 어떤 독재국가와 비교해서 그걸로 스스로를 평가하려 들 이유는 없다는 겁니다. 우리는 미국 이 나라가 과연 어떤 나라가 되어야 좋겠는지, 우리가 가꾸어온 이상에 비추어 평가해야 한다는 것입니다.

미국을 비판했다고 반미주의자라고 할 수는 없는 겁니다. 이 나라에 살면서 우리 자신이 보고 겪고 있는 걸 비판하는 것 또한 민주주의에 속한 일입니다.


이 나라가 보다 나은 나라가 되도록 하기 위해 만일 뭔가 행동에 옮길 수 있는 계획 같은 게 있다면 알려주실 수 있을까요? 가난한 사람들, 노동자들의 삶이 더 나아지기 위해서 말입니다.

─────── 미국은 정말 엄청난 부자 나라입니다. 그러기에 우리가 지금까지 하지 못했던 것을 할 수 있다고 믿습니다. 우리는 전 국민 무료 의료보험제도를 운용할 수 있습니다. 물론 제가 말하는 것은 힐러리 클린턴(1947~ )이 1993년 제안했던 것과는 다른 종류입니다. 그건 무척 복잡한 내용을 담고 있고 1천 페이지가 넘는 문서로 작성되어 있는데 내용을 들여다보면 결국 민간 보험회사가 의료보험제도를 자기들의 시장으로 만들 수 있도록 한 것입니다. 이건 아니지요.

그렇다고 현재 미국이 가지고 있는 의료보험제도도 대안이 아닙니다. 민간 보험회사가 끼어들고 본인 부담금을 내야 하고 복잡한 서류가 요구되는 것말고 제가 공군에 소속되어 있을 때 누렸던 것처럼 보편적 혜택을 누리도록 해줘야 합니다. 그때 저는 폐렴에 걸렸었는데 그걸 치료할 항생제가 없던 시절이었습니다. 그런데 화학적 항생제인 설파제가 막 발견되어 그걸로 목숨을 건질 수 있었습니다.

무슨 복잡한 서류 작성 과정을 요구받지도 않았고 본인 부담금이 따로 있는 것도 아니었습니다. 군에서는 누구나 아주 좋은 무료 의료 혜택을 받습니다. 그게 군에서도 가능한데 왜 전 국민이 그런 혜택을 받지 못한단 말입니까? 재정은 정부가 감당하게 되어 있고 그건 아주 분명하고 확실하고 효과적이며 평등한 시스템이라고 할 수 있는 겁니다. 이런 제도를 통해 누구나 의료보험의 혜택을 받을 수 있습니다.

그렇지 않아도 이런 제도가 실제로 작동하는 나라들이 있습니다. 이탈리아에서 병이 들었을 때 저는 외국인인데도 무료로 의료보험 혜택을 받았습니다. 프랑스에서도 똑같은 혜택을 누릴 수 있었습니다. 이건 미국 정부가 전쟁과 전쟁 준비에 매년 5천억 달러를 쓰지 않는다면 그 돈으로 충분히 해낼 수 있는 일들입니다.

세금 제도를 누진세로 바꿔도 이런 일들이 가능해집니다. 지금과 같은 세금 제도는 최상위층에 대한 우대 조치가 있기 때문에 부가 소수에게 몰립니다. 그런데 누진세를 적용하게 되면 1년에 수천억 달러를 전 국민 무료 의료보험제도에 쓸 수 있게 됩니다. 실직자들에게도 지원금을 지출할 수 있습니다. 뿐만 아니라 1930년대 뉴딜 정책을 통해 그럴 수 있었던 것처럼 실직자들에게 일자리를 제공할 재원을 마련할 수 있습니다. 누진세의 효과입니다. 우리에게는 그럴 만한 돈이 있는데도 그걸 전쟁에 낭비하고 미국 인구 전체 1퍼센트에 속하는 최상위 부자들에게 쓰고 있는 겁니다.

<br>

▮

미국의 독립전쟁에 이르기까지 있었던 일련의 폭력적이고 추한 사건들, 가령 아메리카 원주민 학살, 신부 바르톨로메 데 라스 카사스가 기록한 것과 같은 유럽 백인 정복자들의 잔혹한 행위, 콜럼버스의 원주민 탄압, 반란, 계급 갈등, 1786년 매사추세츠 서부 지역에서 일어난 군부대 내 계급 간 충돌로 빚어진 셰이즈의 반란 등 정말 적지 않습니다. 이런 사건에 대해 알고 난 다음에, 선생님께서는 왜 이런 내용에 대한 연구를 그만두고 다른 주제를 택하지 않았는지 궁금해졌습니다. 지금까지 다루어오신 미국사의 사례들은 너무도 암울한 이야기들뿐이지 않습니까?

_____ 물론 암울한 사건들이지요. 하지만 그렇게만 볼 것도 아닙니다. 지난 역사를 보면, 뭔가 문제가 있다는 것을 인식하고 나서 이걸 어떻게든 해결하겠다고 나서는 사람들이 언제나 있기 마련이었습니다. 바르톨로메 데 라스 카사스 신부의 경우는 콜럼버스의 잔인한 행위를 폭로했고 독립전쟁 당시 하급 병사들이 겪고 있던 부당한 현실에 대해 반란을 일으킨 이들도 있었습니다. 셰이즈의 반란도 그런 경우에 해당하지요. 농민들도 자신이

겪고 있는 억울한 상황에 대해 들고일어났습니다. 이런 역사가 저에게 영감을 주었습니다.

20세기 전반에는 무수한 극적인 사건들이 일어났었습니다. 제1차 세계대전에 대한 반대 운동, 털사의 폭동과 인종학살, 헬렌 켈러의 급진적인 정치 활동, 전후 흑인 운동의 조직화, 제2차 세계대전 당시 일본계 미국인들을 수용소에 집단적으로 강제 이주시킨 사건 그리고 이에 대해 반기를 들었던 일본계 미국인 인권운동가 프랑크 에미(1916~2010)의 활동 등등 말입니다. 이들 가운데 일부 사건이나 관련된 인물들을 개인적으로 알고 또 기억하고 있다는 점 때문에 역사를 바라보는 데 필요한 일종의 객관적 거리를 유지하는 일이 어렵지는 않으셨나요?
_____ 하하, 그런 식으로 거리를 둔다는 건 제가 원하지 않는 바입니다. 그렇게 거리를 두고 본다고 역사의 진상이 파악될 수 있다고 생각해본 적은 없습니다. 도리어 그 반대쪽입니다. 사건에 대해 보다 가깝게 다가가서 볼수록 그리고 개인적인 차원에서 그것과 관여될수록 거리를 두고 볼 때는 알 수 없던 진실을 도리어 보다 분명하게 알게 됩니다. 책에서 읽은 역사와 제가 제 인생에서 겪은 역사를 서로 엮어나가는 것이 보다 중요한 제 자신의 교육이 되어왔습니다.

말하자면 선생님께서는 개인적 차원에서 기억하고 계시는 사건에 대한 진실을 알아가는 과정을 주목하시는 거군요. 그러니까 그 인식의 과정을 자칫 교란시킬 수도 있는 어떤 개인적인 감정을 진실 탐구와 분리하는 것은 별로 어렵지 않으시다는 말씀인가요?

━━━━━ 이렇게 생각해보면 어떨까요? 대공황, 제2차 세계대전, 전후의 시기는 저를 형성한 어떤 역사적 경험이라고 할 수 있습니다. 그러나 저의 경험에만 묶여 있는 것도 아니고 다른 사람들의 이야기에도 귀를 기울여왔습니다.

다른 사람들의 경험이 저와 다르면, 그 다름을 경청했습니다. 그래야 제 자신만의 경험으로 한정되어 역사를 보는 눈이 좁아지는 일이 없도록 할 수 있기 때문입니다. 이건 도전적인 과제이기도 합니다. 다른 사람들의 기억과 자신의 기억을 하나로 엮어나가면 역사의 진상은 그리 단순하지 않고 보다 복잡하다는 것을 알게 되지요.


흑인 민권운동과 노동운동을 자세히 들여다보지 못한 사람들은 두 운동의 주체들이 당연히 서로 연대하는 관계라고 여기리라 봅니다만, 정말 그랬나요? 흑인 노동자들의 경우, 노동운동이 흑인들의 존재를 인식하고 그들의 투쟁을 노동운동이 이해하기를 요구하기도 했나요?

━━━━━ 노동운동에서 흑인과 백인의 관계는 매우 복잡합니다. 산업별노동조합CIO(Congress of Industrial Organization)이 1930년대에 노동운동에서 일종의 반란 조직으로 등장했을 때 이 조직은 미국노동연맹이 이전에는 성공하지 못했던 걸 성사시켰습니다. 그것은 흑인 노동자들을 조직하고 이들이 백인 노동자들

과 단결하도록 만든 것입니다. 고무 공장, 자동차 공장, 철강 공장 그리고 육류 포장 공장 등에서 이런 흑백 인종 연대가 이루어졌습니다. 이렇게 새로운 산업별 노조가 결성되면서 이 조직들이 1930년대에 대대적인 파업을 이끌어갔습니다.

제가 열여덟, 열아홉 살에 브루클린 해군공창工廠에서 일할 당시, 흑인들과 미숙련 백인 노동자들은 미국노동연맹의 숙련 노동자 회의에는 참석이 불허되어 있었습니다. 흑인들의 경우에는 가장 힘든 일이 맡겨졌구요. 그런데 이런 현실이었음에도 역사의 어떤 시기에는 흑백 인종 분리의 장벽을 넘어 이 둘이 서로 손잡고 공동의 적과 투쟁하기도 했다는 사실에 깊은 감동을 받게 됩니다.

테네시주에 있는 하이랜더 포크 고등학교는 남부의 현실에서 좀 특이한 곳이었습니다. 인종차별에 의한 흑백 분리가 지속된 곳에서 어떤 오아시스와도 같은 공간이었던 것입니다. 이 학교는 흑인과 백인이 함께 모여 수업도 같이 듣고 역사도 함께 공부했습니다. 흑인과 백인이 서로 차별하지 않고 노동자와 노조가 하나가 되어 남부에서 이들이 자신을 방어할 수 있는 작은 울타리 또는 거주 지역을 만들어냈다고 하겠습니다. 이런 예들은 현실에서 과연 어떤 것들이 가능할 수 있는지를 일깨워준 경우라고 하겠습니다.

자동차 공장 닷지에서 일어났다는 '닷지 혁명 노조 운동Dodge Revolutionary Union Movement', 일명 드럼DRUM이라고 알려진 운동은 어떤 것이었나요?

_____ 말씀대로 닷지 자동차 공장에서 일어난 노조 운동입니다. 대부분이 흑인인 노동자들이 노조를 조직해야겠다는 확신을 가지고 벌인 노동운동이라고 할 수 있습니다.

이른바 '블랙 파워Black Power'라고 알려진 경우인데, 이들 흑인 노동자는 자신들의 권리를 방어하기 위해서는 흑인 스스로가 주체가 되어 흑인들의 조직을 만들어내야 한다는 신념을 갖게 되었습니다.(블랙 파워 운동은 기존의 흑인 민권운동이 백인들의 선의에 의존하는 바가 적지 않다고 비판하고, 흑인들 자신의 정체성에 대한 자부심과 흑인의 정치력을 만들어가는 것이 실제적으로 흑인의 삶을 바꿀 수 있다고 본 운동이다. 그런 까닭에 멸시의 대상이었던 블랙을 도리어 전면에 내걸었다.—옮긴이) 그렇게 하지 않으면 백인들이 노동운동 조직 전체를 지배하게 되어 흑인들의 이해관계는 이들 백인에게 종속되고 만다는 것을 깨우쳤던 것입니다. 이들 닷지 혁명 노조 운동은 미국 전역의 흑인 노동자들에게 충격과 영감을 주었습니다.

하지만 그와 같은 흑인들이 노동운동 조직을 따로 만드는 바람에 사실은 자동차 산업, 자동차 노조에 속한 노동자들의 이익을 대변하려고 노력했던 미국자동차노동조합UAW(United Auto Workers)에 걸림돌이 되었던 것은 아닌가요?

_____ 미국자동차노동조합의 입장에서는 잠시 문제가 되기는 했었을 겁니다. 당장에는 내부에 이견과 적대적 관계를 만들어

내기도 했습니다. 그러나 장기적인 관점에서 보자면, 흑인들의 노동운동은 백인 노동자들에게 흑인 노동자들의 요구가 무엇이고, 흑인 노동자와 백인 노동자가 동일한 임금을 받아야 한다는 걸 좀 더 알게 한 긍정적인 효과가 있습니다.

흑인들이 백인들과 따로 움직였던 일종의 분리주의 노선은 전체로 보면 인종 문제에 해결책은 아니지만, 과정상으로 보자면 그것대로의 가치가 있었습니다. 이런 운동은 그간 중요하게 취급받거나 존중받지 못했던 이들의 자존감과 존엄을 일단 만들어내는 데 최소한 잠정적으로는 꽤 역할을 했기 때문입니다. 드림 운동이 바로 그랬고, 1960년대와 1970년대 흑인들이 백인들과 섞이지 않고 펼친 자기들만의 독자적인 운동이 그런 의미를 가졌습니다.

I

베트남 전쟁 이야기로 가보지요. 베트남 전쟁에 참전한 병사들도 다른 전쟁에서 그랬던 것처럼 때로 반란도 일으키고 저항도 했던 가요?

미국의 역사 전체로 보자면 아마도 베트남 전쟁에서만큼 병사들이 많은 저항을 한 전쟁도 없을 겁니다. 하지만 얼마만큼인지는 가늠하기가 쉽지 않은데, 그건 미국독립전쟁 때만큼 규모가 큰 반란 같은 것은 없었기 때문입니다.

그렇다고 해도 베트남 전쟁에 대한 반기를 드는 일은 계속 늘

**베트남 전쟁** 1955년에서 1975년까지 20년에 걸쳐 이어진 베트남 전쟁은 미국의 베트남 침략 전쟁이었다. 프랑스의 식민지였던 베트남의 해방을 가로막고 무고한 민간인을 수없이 죽인 이 전쟁으로 미국은 세계적 위신이 추락했고 대대적인 반전운동에 직면했다. 반전운동에는 이 전쟁에 직접 참전한 병사들도 중요한 역할을 했다는 사실을 주목해야 할 것이다.

어만 갔습니다. 전쟁이 지속되는 동안 그랬고, 국내에서 이 전쟁에 대한 반감이 높아지고 희생자가 증가하고 이 전쟁은 뭔가 잘못된 전쟁이라는 인식이 확산되면서 반감은 더더욱 커져만 갔습니다. 오늘날 대부분의 미국인들은 거의 모르다시피 한 일인데 어떤 일까지 있었는가 하면, 병사들이 상관이 있는 막사에 수류탄을 던져 죽이는 사건이 수백 건이나 되었습니다.

반란의 형태는 다양했습니다. 병사들은 마약을 하기도 했고 상당수가 탈영했으며 전투 현장에 투입되는 것을 거부했는가 하면 팔에 검은 완장을 차고 반전운동과 연대하는 상징적 행위도 했습니다.

병사들의 이런 반란은 이들이 베트남 전쟁에서 집으로 돌아와 재향군인들이 되었을 때 더욱 분명하게 드러났습니다. 이들은 '전쟁에 반대하는 베트남 재향군인회'를 조직했고 아직도 전쟁이 한참이었던 1971년 워싱턴 D.C.에 있는 미 의회에 집결해 자신들이 받은 메달을 의회 안 정원으로 던져버려 그 메달이 수북이 쌓이기도 했습니다. 전쟁을 반대하는 운동을 극적으로 표현해낸 것입니다.

베트남 전쟁 반대 운동은 학생운동이 주도한 것처럼들 여기고 있습니다. 그런데 막상 미 정부가 이 전쟁을 더는 지속시켜나갈 수가 없다고 인정하게 된 가장 중요한 이유 가운데 하나는 전선의 병사들이 전쟁에 점점 더 반기를 들고나왔기 때문입니다.

사이공에서 미군이 철수한 뒤 30년이 지나서도 미국이 이 전쟁에서 패배한 것인가 아닌가 하는 논쟁은 계속되고 있긴 합니다만, 승리가 아닌 것만큼은 분명합니다. 그렇다면 미국 정부는 이 경험에서 뭔가 배운 바가 있다고 할 수 있을까요?

_____ 미 정부는 이 경험에서 많은 것을 배웠다고 생각합니다. 또한 당연히 그렇게 배워야 한다고 봅니다. 한마디로 말하자면, 미국은 이 전쟁에서 전혀 믿을 수 없는 상황에 직면했던 것입니다. 미국은 전쟁에서 언제나 승자였는데 이 전쟁에서는 명백한 패자였습니다. 우리는 그걸 인정해야만 합니다.

바로 이런 사실이 미국 정부의 최고 결정자 그룹 내에서 여러 가지 많은 성찰을 하게 했다고 봅니다. 이들은 미국이 다른 나라에 군사적으로 개입해 들어가는 걸 포기하고 싶지도 않고, 또 그렇다고 베트남 전쟁에서 일어났던 일이 되풀이되는 것도 원하지 않습니다. 그래서 만일 다시 그렇게 다른 나라에 군사적으로 개입을 하게 된다면 그 전쟁 기간은 짧을수록 좋다고 여기게 된 것입니다. 그렇게 해야 반전운동이 일어날 사이도 없게 되기 때문입니다.

미국인들이 베트남 전쟁에 반대하게 되기까지는 몇 년이나 걸렸습니다. 1965년 전쟁이 시작되었을 때는 미국인 3분의 2가 전쟁을 지지했지만 3년이 지난 뒤에는 그 비율은 역전됩니다. 미국인 3분의 2가 전쟁에 반대하게 된 것입니다. 그건 그야말로 극적인 반전이었습니다.

그래서 정부는 단기 전쟁을 하겠다고 결심하게 됩니다. 이른바 '영광스러운 단기 소규모 전쟁'이라고 할 수 있는 것들인데 1983년 로널드 레이건 대통령(1911~2004) 당시 밀어붙인 그레나다 침공이야말로 4일 만에 완료한, 최단 시일에 끝난 전쟁이었습니다.

그런데 사실 이 그레나다 전쟁의 명분은 정말 웃기는 것이었습니다. 도대체가 카리브해에 있는 이 조그만 섬이 어떻게 미국에게 위협이 된다는 것입니까? 미 정부는 갖가지 여론 조작을 해가며 선동해 그레나다가 쿠바나 소련의 군사기지로 사용될 것이라고 주장했습니다. 그러다가 결국에는 그런 식의 침공 명분이 잘 먹히지 않자 그레나다 의과대학에 있는 미국인들을 구해내야 한다는 쪽으로 군사개입의 구실을 내세웠습니다.

그렇다면 그레나다에서 미군의 침공에 대한 저항은 어땠을까요? 전혀 없었습니다. 그러니 미국으로서는 엄청난 군사적 승리가 되었던 것입니다.

아버지 부시 대통령(1924~2018) 당시 파나마 침공도 단기간이었고, 1991년 이라크에 대한 전쟁도 몇 달 정도의 단기 전쟁이었습니다. 결국 미국의 최고 결정권자들은 베트남 전쟁에서 배웠다는 것이 이런 것들입니다. 속전속결로 전쟁을 해야 미국인들이 전쟁터에서 무슨 일이 일어나고 있는지 생각할 겨를도 주지 않을 수 있고, 정부가 전쟁의 명분으로 삼은 것이 정말 맞는지 돌이켜 생각해볼 시간도 주지 않을 수 있다는 거지요.

베트남 전쟁에서 이들이 배운 것이 있다고 한다면 그것은 미국 국민들에게 여론 조작을 통해 전쟁을 잘 팔아야 한다는 겁니다. 전쟁 광고 또는 홍보 영업을 하는 겁니다. 그렇게 하려면 공개되는 정보를 잘 통제하는 일이 반드시 요구됩니다. 그래서 그레나다, 파나마, 이라크를 침공할 때 미 정부는 언론인들을 통해 미국 국민에게 전달될 수 있는 정보들을 통제하는 시도에 엄청난 노력을 기울였습니다. 이라크 전쟁 때에도 미 정부는 요상한 짓을 합니다. 언론인들이 군과 함께 움직이면 현장감 있는 정보 접근에 좋다, 전쟁 중인 군대의 일부처럼 되면 훨씬 더 좋은 기삿거리를 얻게 될 것이라고 꼬드깁니다. 전쟁터 한복판에 있게 되면 정확한 정보를 취득하고 특종거리를 갖게 될 것이라는 식이었던 거지요. 하지만 이건 모두 언론인을 통제하기 위한 방책이었습니다.(이 시기 미국 정부는 전쟁 현장을 취재하는 이른바 종군기자war correspondent가 군과 함께 움직이는 정도가 아니라 아예 밀착해서 일체화되어야 한다는 의미로 'embedded'라는 단어를 썼다. 이는 '내장된'이라는 개념으로 군과 기자의 경계선이 사라지고, 군의 보도 문건에 충실하고 군에 불리한 내용은 보도하지 않는다는 것을 의미한다. 기자들을 애초부터 군부대에 내장시킨 한 수단으로 취급한 것이다. 그러자 이를 비판한 진보적인 지식인들은 이를 두고 대량 살상 무기를 뜻하는 WMDWeapons of Mass Destruction를 본떠 '대량 정보 교란 무기 WMD(Weapons of Mass Disinformation)'라고 부르기도 했다. —옮긴이)

그런데 베트남 전쟁 이후 미국은 자신의 여러 기관이 만들어낸 절망적인 문제를 해결하고 재구성하려는 노력을 기울이기도 했지만, 미국 정부는 여전히 지구상의 다른 나라에 군사적으로 개입하고 그곳의 정부를 전복해버리는 권리를 가지고 있는 듯합니다.

———— 정확한 이야기입니다. 미국 정부는 베트남 전쟁 패배로 위축되지 않았습니다. 미국이 전 세계의 강자로 계속 남아 있으려면 다른 나라에 언제든 개입할 수 있어야 한다는 걸 아직도 당연하게 여기고 있는 것입니다.

그런데 베트남 전쟁으로 해서 배운 것 중에 하나는 남의 나라에 관여해 들어간다고 하더라도 가급적이면 대놓고 군사행동을 하기보다는 웬만하면 비밀스럽게, 아무도 모르게 개입해 들어가는 쪽을 택하려 하고 있다는 점입니다.(이는 이른바 '베트남 증후군Vietnam Syndrome'이라고 해서 베트남 전쟁에 따른 미국 청년들의 희생에 반발한 미국인들이 미 지상군 파견이나 직접 개입에 반감을 가지게 된 여론의 변화가 존재했기 때문이었다. 이후 이라크 침공에 첨단 무

기가 동원된 것도 지상군 파견을 반대하는 베트남 증후군에 따른 조처였다.—옮긴이)

1976년 미 상원의 처치 위원회는 「1963에서 1973년까지 칠레에서의 비밀 활동」이라는 제목의 보고서를 제출합니다.(처치 위원회는 1975년 상원 의원 프랭크 처치 위원장의 이름을 따서 만든 위원회로 중앙정보국CIA, 국가안보국NSA, 연방수사국, 국세청IRS의 위법 사실을 조사한 위원회로, 특히 정보기관의 비밀 활동Covert Action에 집중해 조사를 벌였다. 이 결과 미 CIA는 미 의회의 감시와 감독을 보다 엄중하게 받게 되었다. 레이건 집권 이후 정보기관에 대한 의회의 통제는 다시 느슨해지고 말았다.—옮긴이) 이 보고서는 칠레에 대한 미국의 비밀공작을 기록하고 있습니다. 미국은 당시 칠레 정부를 좋아하지 않았습니다. 그때 칠레는 살바도르 아옌데(1908~1973)라는 사회주의 지도자를 대통령으로 선출했는데, 미국은 20세기 초반 남아메리카에서나 이후 베트남에서 그랬던 것처럼 군사력을 투입하기보다는 비밀 활동을 선택했습니다. 그걸 한 게 닉슨 정부였지요. 아옌데 정부를 전복하기 위해 아옌데 반대 세력을 지원하고 군사 쿠데타를 부추기는 비밀공작을 벌입니다. 1973년, 미국이 비밀스럽게 지원한 쿠데타는 성공했고 아옌데 정부는 무너집니다.(닉슨 정부에서 이를 적극 주도했던 인물이 다름 아닌 헨리 키신저(1923~  )였다. 이로 인해 키신저는 미국의 진보 지식인과 남아메리카 활동가들에 의해 국제형사재판소에 전범으로 고발되었다. 키신저를 외교의 위인처럼 대하는 것은 그야말로 경악스러운 일이다.—옮긴이)

이와 같은 비밀공작 활동은 레이건 정부가 니카라과의 콘트라 반군을 지원하면서 더욱 악명이 높아집니다. 이 공작은 1979년 니카라과에서 권력을 쥐게 된 좌파 혁명정부를 전복시키기 위한 것이었습니다.

1946년 이래 미국은 미국육군미주학교U.S. Army School of the Americas를 운영하면서 다른 나라의 군인들을 훈련시켰습니다. 이 군사학교는 2001년에 이름을 서반구안전보장협력연구소Western Hemisphere Institute for Security Cooperation로 바꾸는데 남아메리카 지역의 군인들이 정치화되지 않도록 직업군인으로 기르겠다고 세워진 기구입니다. 그렇게 해서 남아메리카 지역의 군대를 일정하게 제도화시키려 했던 건데 제대로 작동은 했던 건가요?

_____ 그런 군사학교로들 알고 있지만 사실은 아니지요. 미국 육군미주학교는 애초에 파나마에서 시작했고 이후 미국 조지아 주 포트배닝으로 옮겨졌습니다. 이 군사학교는 남아메리카 지역에 대해 과거에 비해 훨씬 더 강력한 통제력을 발휘하기 위한 것이었습니다.

이 군사학교의 목적은 단지 군인을 직업적으로 훈련시키는 것이 아닙니다. 이들 남아메리카 지역 장교를 미국의 군사학교에서 미국이 원하는 방식으로 길러내고 이들을 다시 귀국시킨 뒤에는 미국 정부와 긴밀한 접촉을 하도록 해서 이들이 미국의 명령을 그대로 즉각 이행할 수 있도록 하는 것입니다. 아까 말했던 칠레의 쿠데타 주역들 상당수가 이 학교 출신이라는 점을 누군가 지적하자, 이 군사학교 교장은 이렇게 대답합니다. "뭐 그야 이상한 일이 아니지요. 우리는 우리 학교의 졸업생들과 서로 연락을 주고받는 것이고, 이들 졸업생도 모교와 계속 관계를 유지하는 것일 뿐이니까요."

∎

아메리카 원주민들을 제거한 지 150년이 흐른 뒤, 그러니까 체로키족을 오클라호마로 강제 이주시키면서 수많은 사망자들이 생겨나게 했던 '눈물의 길' 사건 이후 그리고 백인 주거지역을 만들기 위해 1830년 원주민들을 축출하는 '원주민 이주법' 안을 밀어붙인 잭슨 대통령 이후 미국에서는 원주민 운동이 1960년대부터 다시 일어나고 있습니다. 이건 무얼 의미하는 것일까요?

_____ 아메리카 원주민 운동이 다시 등장한 것은 지난 수십 년의 미국사에서 가장 놀라운 사태입니다. 이들 원주민은 19세기 학살로 거의 멸종되다시피 했었습니다. 생존자들도 오클라호마의 보호구역으로 내쫓겼고 그 지역에서 원유가 발견되면 또다시다른 지역으로 강제 이주당했습니다. 그러다가 1960년대에 아메리카 원주민 운동AIM(American Indian Movement)이 조직됩니다. 이 조직의 단체명 약자가 목적을 뜻하는 AIM이라는 것도 아울러 주목할 필요가 있습니다. 이들은 저항운동을 시작했고 그건 이들의 목적을 실현하기 위한 극적인 행동이었습니다. 이들 원주민은 남북전쟁 당시 요새이기도 했고 이후 탈옥하기 어려운

감옥이 있는 곳으로 알려진 샌프란시스코 해안에 있는 앨커트래즈섬(이 섬은 1996년 개봉된 마이클 베이 감독의 영화 「더 록The Rock」으로 더욱 유명해졌다. 숀 코너리, 니컬러스 케이지, 에드 해리스가 나왔는데 절대고도의 섬을 역침입해 인질 사태를 해결한다는 이야기다. 미국에 이런 감옥이 있었다는 것을 세계는 비로소 알게 되었다. ─옮긴이)을 아예 점령해버렸습니다. 존재감을 민감하게 드러내는 방식을 취한 것입니다. 1890년 아메리카 원주민들에 대한 대대적인 학살이 벌어졌던 운디드니에 집결해 이곳을 점령하자 정부는 연방군을 파견해 이들을 진압합니다.

AIM은 민권운동 당시에 흑인들이 그들의 사회적 존재감을 확실하게 각인시켰던 방식대로 이들 원주민의 존재감을 그렇게 드러냈던 것입니다.

1960년대에 펼쳐진 운동들을 거론해보자면, 이 시기 가장 중요하게 등장한 것이 레즈비언, 게이, 양성애, 성전환자 등 성소수자 권리 쟁취 운동이라고 하겠습니다. 1980년대 초반에는 에이즈 환자들의 운동인 '액트 업ACTUP(AIDS Coalition to Unleash Power)', 그러니까 "에이즈 환자들이여, 궐기하라, 우리에게 누려야 할 권리를 발동하자" 식의 운동 등이 등장해 이 문제에 대해 대중들의 눈길을 처음 끌었습니다. 이런 운동이 일어나기 이전에는 어떤 상황이었나요?

**LGBTQ** LGBTQ는 레즈비언(Lesbian), 게이(Gay), 양성애(Bisexual), 성전환자(Trans) 그리고 자신의 성 정체성에 대해 스스로 묻는 퀴어(Queer)를 이르는 단어 조합의 약자로 오늘날 미국 사회를 비롯해 전 세계적인 성 정체성 관련 운동의 변화를 보여주고 있다. 이들은 '성소수자'의 처지에서 최근 자신들의 목소리를 사회 전면에 내기 시작하면서 성 정체성 변화의 주체로 나서고 있다. 또한 이들이 반전운동, 기후 정의 운동 등에 참여하면서 미래 사회의 중요한 변화를 예고하고 있다. 하워드 진은 이들의 존재와 사회적 발언이 가장 주목되는 미국 사회의 역사적 변화라고 보았다.

        1960년대 미국 사회에서 가장 특이하게 주목할 만한 발전은 성적 정체성에 대한 태도가 거의 눈에 보이지 않을 정도로 매우 느리게 변화한 것이라고 하겠습니다. 그 이전 100년 전으로 돌아가보면 흑인들의 저항, 노동운동, 반전운동은 이미 시작되었지만 성소수자 권리 운동은 전혀 없었습니다. 레즈비언, 게이, 양성애, 성전환자, 퀴어 운동 등 성소수자 권리 쟁취 운동은 다른 분야의 권리 운동에 자극을 받고 힘을 얻어왔다고 하겠습니다. 그런데 이 운동은 미국의 역사에 새로운 운동이자 극적인 방식을 취했습니다. 이들 성소수자LGBTQ(레즈비언·게이·양성애·성전환자·퀴어) 공동체에 속한 이들이 1969년 뉴욕 스톤월 술집에서 경찰이 성소수자들을 탄압한 사건에 대해 항의 집회를 벌이자 미국 사회가 크게 주목하기 시작했습니다. 성에 대한 미국 사회의 문화가 변화하게 된 것입니다. 이는 1960년대에 일어난 새로운 자유의 일부이자 그에 연결된 변화입니다. 이는 이전에는 말할 수 없었던 것에 대해 보다 개방적인 태도를 가지게 했고 특히 성과 성 정체성에 대해 성소수자들이 기죽지 않고 공공연히 말할 수 있도록 했습니다. 이전과는 전혀 다른 새로운 현실이 만들어진 것입니다. 저는 이 변화가 지난 수십 년에 걸친 세월 동안에, 가장 괄목할 만한 변화의 하나라고 봅니다.

미국에는 지난 500년 동안 스페인어를 쓰는 사람들이 살아왔습니다. 이들이 주도하는 라티노 운동은 미국 민중의 저항의 역사로 보자면 가장 늦게 등장합니다. 왜 그런 걸까요?

_____ 라티노 운동이 1960년대 미국 사회 전반에 걸쳐 일어났던 저항운동의 일부가 되는 데는 좀 시간이 걸렸습니다. 그렇게 된 까닭은 우선 이들은 다른 인종 지역과 분리되어 있었고 그 결과 이들이 해온 일이 사회적으로 인지되지 못했기 때문입니다. 또한 전체 미국 인구에서 계산되지 않은 잠복된 인구였던 탓도 있습니다. 이들이 1960년대 후반에 미국 사회에서 처음 폭발적으로 등장하고 사회적 관심을 끌게 된 것은 캘리포니아주 농장 노동자들이 조직하기 시작하면서였습니다.

**세자르 차베스의 포도 수확 거부 및 불매 운동**  세자르 차베스는 이주 농장 노동자들이 처해 있는 저임금과 열악한 작업 환경 등 노동 문제를 해결하고자 농장노동자연합을 만들어 농장 노동자의 권익에 힘썼는데, 포도 수확 노동을 거부하고 포도 불매 운동을 벌여 미 전역으로부터 광범위한 지지를 받았다. 사진은 세자르 차베스(가운데)가 농장노동자연합 회원들과 함께 멕시코 국경에서 캘리포니아주 새크라멘토까지 행진하고 있는 것이다.

여기서 우리가 중요하게 기억해야 인물이 하나 있습니다. 그는 세자르 차베스(1927~1993)라는 라티노 농민운동의 지도자였습니다. 라티노 농민운동은 미국 서부 지역에 새롭게 나타난 운동으로서 세자르 차베스는 이 운동을 주도한 대단히 카리스마 넘치고 전략적인 지도자였습니다.

계절노동자Seasonal Worker(농장 지대의 농산물 수확기에 따른 대규모 이주로 생겨난 노동자 집단이라고 할 수 있다. ―옮긴이)로 미국에 들어온 이들 이주 노동자가 이렇게 조직하는 것은 이례적이었습니다. 이들은 우선 언어를 기준으로 하자면 흑인과 백인으로부터 분리되어 있었고 상당수가 서류 미비자(불법체류자illegal alien라는 표현이 존재 자체가 불법이라는 의미를 갖게 한다는 의미에서, 진보적인 이민정책을 지지하는 이들은 최근에 이민 관련 서류가 충분하지 않다는 의미로 서류 미비 이주자undocumented immigrants라고 쓴다. —옮긴이)들이었습니다. 이른바 흔히 말하는 불법체류 노동자들이었던 겁니다. 게다가 이들은 매우 강력한 힘을 가지고 있는 거대한 농산물 산업계와 마주해야 했습니다.

하지만 이들은 1960년대에 들어서자 상당 수준에서 조직화를 이루어내, 그 힘으로 강력한 위력을 가진 농산물 산업계에 속한 회사들과 협상을 하는 데 성공하게 됩니다. 이들이 택했던 방식 가운데 하나는 포도 수확 노동을 거부하는 것이었습니다. 이 거부 운동을 조직한 것은 과거 미국의 역사에서 오랫동안 쓰이지 않았던 극적인 방식이었는데 놀라운 성공을 거두게 됩니다. 이들은 미 전역에 지지를 호소하고 다른 부문의 저항운동에 관여했던 사람들이 이들에게 협력하면서 포도 수확 거부 파업 운동이 미국 사회에서 크게 주목받게 되었던 것입니다.

제아무리 강력한 힘을 가진 회사라도 자기들의 이윤을 위협하는 파업 운동이 실제로 벌어지면 어쩔 수 없이 협상에 나설 수밖에 없게 되는 것입니다. 이 운동의 결과로 미국 서부 지역의 농업 노동자들은 성공적으로 운동을 조직해 승리했으며 자신들이 원하는 조건을 달성하는 변화를 이루어냈습니다.

1960년대 미국 사회를 격동시켰던 운동의 흐름에서 이들 라티노의 역할도 더욱 분명하게 주목할 필요가 있는데 이들은 당시 반전운동에 참여했으나 제대로 조명되지 못했기 때문입니다.

서부 해안 지역에서 라티노들이 베트남 전쟁 반대 운동에 수천 명 이상 참여했던 것입니다. 미국 사회가 이를 눈여겨보지 않았을 뿐입니다.

미국 사회는 이제 이들 라티노 조직과 저항운동에 대해 훨씬 더 잘 알게 되었는데 이는 아마도 라티노 인구가 늘어난 것도 그 이유 가운데 하나가 아닌가 합니다. 이들의 언어인 스페인어를 공용어에 포함시켜야 한다는 주장이 나오고 있는 것도 다 이런 상황의 반영입니다. 저는 이런 움직임이 다 긍정적인 발전이라고 보고 있습니다.

I

이런 최근의 역사와 운동은 미국의 과거사와 수십 년간의 현대사를 서로 어떻게 엮어주는 것일까요?

_____ 오늘날에도 우리는 지난 시기 미국의 역사에서 치렀던 투쟁을 계속하고 있는 것입니다. 그건 형태가 달라졌고 예전처럼 강력하고 뚜렷한 모습으로 나타나지 않는다고 해도 계급 간의 갈등, 부자와 가난한 이의 이해관계 충돌은 아직도 존재합니다.

오늘날 우리의 투쟁 형태는 1930년대에 벌어졌던 파업과 같은 것이 아닐 수 있습니다. 그때와는 달리 지금은 세금 제도에 대한 갈등으로 나타나기도 합니다. 저는 이런 상황이 앞으로도 지속되리라 보고 있습니다. 왜냐하면 이 나라는 매우 부유한 나라인데 대부분의 부는 이 나라에 살고 있는 국민들의 삶이 나아지는 일에 쓰이지 않고 있기 때문입니다.

이라크 전쟁 반대 운동도 여러 가지 차원에서 지난 시기 미국이 경험했던 반전운동의 연속선상에 있습니다. 이 반전운동은 가난하고 젊은 청년들이 전쟁에 끌려가는 것을 반대하고, 뭔가 좋은 걸 줄 것처럼 꼬여 군대에 들어가게 하는 선전에 반대하고 전쟁의 명분으로 다른 나라에 자유를 가져다주겠다는 논리를 반대합니다. 그렇게 반전운동, 반反군사주의 운동은 여전히 계속되고 있는 것입니다.

노동운동은 과거에 비해 많이 약해진 것이 사실입니다. 노조 조직률을 보면 1930년대에는 30퍼센트에 달했는데 지금은 12퍼센트 정도밖에 되지 않습니다. 하지만 이 나라에서 노동 투쟁은 여전히 지속되고 있으며 파업도 일어나고 있습니다. 어떤 경우에는 패하고 어떤 경우에는 승리합니다. 간호사가 파업에 나서기도 하고 건물 관리인들도 파업합니다. 미 전역의 대학에서 일하는 노동자들도 임금 투쟁을 합니다.

베트남 전쟁 반대 운동 시기나 민권운동 시기처럼 거센 저항 운동이 일어나고 있지는 않지만 투쟁은 계속 이어지고 있는 겁니다. 부자와 가난한 사람 사이에서, 반전운동가와 전쟁주의자 사이에서 투쟁은 멈추지 않고 있습니다. 가정과 사회에서 발생하는 굴종과 억압의 특별한 방식에 대해 여성들이 들고일어나는 일들도 벌어지고 있습니다. 우리는 이건 정의가 아니라고 여기는 것을 그대로 받아들이지 않는 사람들이 여전히 있음을 보고 있는 것입니다.

▮

선생님은 『미국 민중사』에서 우리에게 앞으로 뭔가 깜짝 놀랄 만한 일이 일어날 수도 있다고 하셨습니다. 그 책에 담긴 역사적 사건들을 읽게 되는 이들이 영향을 받고 현실에서 역사적 주체로 나설 수 있다고 생각하시는 건가요? 그래서 이 나라에 살고 있는 이들이 뭔가 행동을 취하고 지금까지와는 다른 선택을 하라는 암묵적인 요청이 그 안에 담겨 있다고 봐도 될까요?

_____ 역사학자가 역사책을 쓰면서 그 책을 읽는 독자들이 뭔가 행동을 하도록 요구한다고 여기게 한다면 그건 학자적 전문성이 없는 것이라고들 생각할지 모르겠습니다. 그러나 저로서는, 역사학자란 역사학자 이전에 한 사람의 시민이라고 믿고 있습니다. 역사학자는 또한 역사학자 이전에 한 인간이기도 합니다.

그저 역사학자로 남겠다? 그래서 역사를 가르치고 역사 관련 책을 내고 학자들의 모임에만 간다? 그건 제가 보기에 진정한 역사학자라고 할 수 없습니다. 역사학자라면 현실 세계에서 무슨 일이 벌어지는지 들여다보고 이 세상에 뭔가 유익한 영향을 줄 수 있도록 역사를 연구하고 가르치고 책을 써야 한다고 봅니다. 그런 사람이 역사학자입니다. 역사를 쓰면서 중립적인 것은 없다, 이른바 객관적인 것은 없다, 라고 말해온 바 있습니다. 현실 세계에서 겪고 있는 갈등과 멀리 떨어져 존재하는 것이란 어디에도 없습니다. 사실 그렇게 현실과 거리를 둔다는 것도 바람직하지 않을뿐더러 그렇게 하는 것은 현실적으로 불가능합니다. 세계는 이미 어떤 방향을 향해 움직이고 있기 때문입니다. 그래서 중립적인 위치에 있겠다, 현실적으로 어떤 결과를 가져올 만한 것들은 말하지도 않고 하지도 않고 쓰지도 않겠다, 하는 것은 자기 자신을 스스로 속이는 것입니다.

그런 식이 된다면 그것은 사람들이 현실에 대해 아무런 행동도 하지 않는 상태에서 세상이 그냥 돌아가도록 만드는 일이 되고 맙니다. 역사학자란 세상에 개입해 들어가고 사람들이 그저 단순한 수동적 도구가 되지 않도록 생각할 수 있게 하는 존재라고 봅니다. 만일 누군가 미국의 역사를 쓰면서 미국사라는 것은 대통령, 의회, 대법원, 장군 그리고 이른바 '중요한 인물'의 역사라고 주장하고 바로 이런 사람들이 역사를 만드는 주역이라고 한다면 그게 무슨 말이 되겠습니까? 보통 미국 국민은 4년 만에 한 번씩 투표나 하고 자기들을 돌보는 지도자를 뽑기만 하면 된다는 것 아니겠습니까? 저로서는 그런 의식과 태도가 민주주의를 손상시키는 행위라고 봅니다. 민주주의는 적극적인 시민성을 요구하는 것이기 때문에, 역사를 쓰는 행위 자체가 곧 민주주의이자 그에 따르는 행동입니다. 역사에 대해 쓴다는 것은 보통 사람들, 민중들이 역사에 참여하는 주체라는 것을 깨우쳐가도록 하는 것이자, 그것이 다름 아닌 민주주의를 발전시켜나가는 길입니다.

실제로 보통의 민중들이 역사에 참여해야만 세상은 나아질 수 있습니다. 그렇지 않으면 지금 우리 사회를 움켜쥐고 움직이는 자들에게 결정을 맡겨버리고 마는 것이 됩니다. 그러면 우리는 끊임없는 전쟁을 치러야 할 것이며, 부자들은 날이 갈수록 더 부자가 되고 가난한 사람들은 미국이나 다른 나라에서나 다 생존하기조차 어렵게 되는 끝도 없는 계급투쟁에 빠져들게 될 것입니다.

선생님께서는 역사는 권력에 대해 새로운 개념을 가질 수 있게 한다고 하셨습니다. 지난 시기의 역사를 돌아보면서 과거에 우리가 마주한 어떤 빛과도 같은 것이 미래에도 있도록 할 수 있을까요?

_____ 역사에서 권력에 대해 우리가 배우게 되는 것은, 권력이란 우리가 늘 생각해왔던 것이나 또는 피상적으로 그게 권력이 아닌가 했던 것과는 다르다는 겁니다. 예를 들어 만일 돈이 무지 많거나 무기가 엄청 많거나 하면 그런 사람의 권력은 강하겠지요. 언론을 통제할 수 있다면 그 또한 대단한 권력자가 되는 것입니다.

그런데 역사를 보면 그와는 다른 권력의 현실이 존재하는 것도 알게 됩니다. 돈도 없고 마음대로 부릴 수 있는 군사력을 가진 것도 아니고 언론을 쥐락펴락할 수 있는 힘도 없는 무력한 존재들이 역사의 어느 지점에서는 자신들의 삶을 변화시킬 힘을 보입니다. 이들에게는 그들만의 권력이 존재하고 있다는 것을 스스로 알게 되었기 때문입니다. 그것은 다름 아닌 조직된 민중의 힘입니다.

어떤 어려움에 직면하게 된 민중이 수도 충분하고 그 지속력도 강한 조직을 가지고 위험이 예견되는 결단도 해낸다면, 모든 권력을 지니고 있다고 보여지는 이들을 이겨낼 수 있는 것입니다.

우리는 이런 걸 노동운동에서 보게 됩니다. 19세기에 하루 여덟 시간 노동을 쟁취한 노동자들을 생각해보세요. 이들에게는 기업이 가지고 있는 힘도 없고 정부도 이들 편이 아니었습니다. 노동자들은 정치권력도 없었습니다. 더군다나 헌법에 기업 고용주들에게 하루 여덟 시간 노동을 강제화할 수 있는 조항이 있는 것도 아닙니다. 노동자들에게는 군대가 있는 것도 아니고 경찰이 있는 것도 아닙니다. 이들에게는 함께 집결해서 조직하면서 만들어지는 힘만이 있습니다. 그리고 이 힘으로 노동자들은 파업을 통해 생산을 멈추게 할 수 있습니다. 이렇게 되는 순간 강력한 힘을 가진 기업들조차도 노동자의 힘을 인정하지 않을 수 없게 됩니다.

기업 쪽에서는 파업 사태가 끈질기게 계속되는 상황에서 파업을 깨기 위해 용역을 불러대고 경찰과 군대를 투입하는 등 할 수 있는 모든 걸 하지만 노동자들이 파업을 통해 기업의 이윤을 감소시키고 공장이 돌아가지 못하게 해버리면 별수 없게 됩니다. 그렇게 될 때 이들 노동자는 누가 봐도 명백하게 강력한 힘을 가진 기업들을 변화시켜낸 것입니다. 노동자가 원하는 쪽으로 이들 기업이 움직이도록 압박을 가하는 데 성공하게 되는 것입니다.

1930년 자동차 공장 노동자들이 포드와 제너럴모터스에 대항해서 싸웠을 때 많은 사람들이 말하기를 노동자들은 저들을 결코 이길 수 없다고 했습니다. 물론 노동자 개인이 포드와 제너럴모터스를 상대로 이겨낼 수는 없을 것입니다. 이 대기업들은 엄청난 돈을 가지고 있고 권력을 자기편에 두고 있습니다. 정부도 노동자를 편들지 않습니다. 경찰 역시 마찬가지입니다. 그러나 노동자들은 자기들이 하나로 굳게 뭉쳐 끈질기게 싸우면 거대한 권력도 어쩔 수 없이 이들의 존재를 인정하게 되는 상황을 만들어낼 수 있다는 것을 알게 되었습니다.

이런 깨달음은 남부의 흑인들에게도 마찬가지로 일어났습니다. 저는 이런 현실을 직접 보았습니다. 1956년 제가 조지아주 애틀랜타로 이주했을 때 경험한 일이었습니다. 미국의 남부 지역에서 흑인처럼 무력한 존재가 어디 있겠습니까? 경찰, 시장, 주의회 그 누구도 이들의 편을 들어주지 않습니다. 이들 흑인에게 정치권력은 더더욱 없습니다. 흑인들은 미국 남부 인구에서 가장 가난한 자들입니다. 수정헌법 제14조와 제15조가 있어도 연방정부조차도 이들을 지켜주지 않습니다. 헌법상 연방정부는 이들 흑인이 차별을 당하면 그걸 교정해야 할 의무가 있고 투표권이 있는 이들이 차별받지 않게 그 권리를 행사할 수 있도록 해야 합니다. 하지만 연방정부는 그 어떤 조처도 취하지 않았습니다.

사태가 이렇게 되자 1950년대와 1960년대 미국 남부에 거주하고 있던 흑인들은 결국 자신들의 방식대로 대처하기로 결심하게 됩니다. 조직화 운동에 나선 것입니다.

흑인들은 몽고메리에서 흑백 인종차별하는 버스 탑승 거부 운동을 벌였습니다. 남부 전역에서 시위를 벌였고 이들의 발언은 계속 퍼져나갔습니다. 언론은 이들 흑인에게 공감하지는 않았지만 이들이 전하는 극적인 이야기에는 관심을 기울이기 시작했습니다. 이러면서 언론들이 흑인들의 시위를 취재하고 보도하기 시작했고 현장 사진들이 전 세계에 알려지게 되었습니다. 흑인들이 경찰의 곤봉에 맞고 소방 호스 물로 진압당하는 사진들이 퍼져나가자 미국 정부는 당황했습니다. 그러자 흑인들은 뭔가를 바꿀 수 있는 힘이 자신들에게 있다는 것을 깨닫게 되었던 것입니다. 그리고 실제로 변화를 이루어냈습니다. 남부의 상황은 바뀌어갔고 연방정부도, 주의회도 그리고 대통령도 흑인에 대한 태도를 바꾸어갔습니다.

남부 출신 대통령이면서도 흑인들의 처지에 공감을 표한 바 없던 린든 B. 존슨(1908~1973)도 나중에는 라디오 방송에 나가 민권운동의 노래 「우리는 이기리라We Shall Overcome」를 언급할 정도로 달라지게 된 것입니다.

베트남 전쟁 반대 운동 때도 보통의 민중이 힘을 모아 정부가 결국 전쟁을 멈추도록 만들어냈습니다. 반전운동 초기였던 1965년 초만 하더라도 전쟁이 점점 더 상승곡선을 그리며 격렬하게 전개되고 있을 때 우리는 이렇게 생각하기도 했습니다. "우리가 과연 정부의 정책을 바꿀 수 있을까? 정부는 거대한 권력을 가지고 있지만 우리에게는 없지 않은가?" 그러나 실제로는 날이 갈수록 더 많은 사람들이 반전운동에 참여하자 우리의 힘은 강해져갔습니다.

진실은 그 자체로 힘을 가지고 있는 것입니다. 베트남 전쟁의 진실은 보다 더 많은 사람들에게 더더욱 확연하게 드러나고 있었습니다.

1965년 보스턴 광장에서 저는 반전 연설을 했었는데 모인 사람들이 아마도 대략 수백 명 정도는 되었을 겁니다. 4년이 지난 1967년에는 같은 장소에서 연설을 했을 때 수십만 명이 운집했었습니다.

그렇게 운동은 정부가 더는 무시할 수 없는 지점까지 자라났던 것입니다. 그러면서 결코 반정부 시위에 참여할 것 같지 않았던 사람들까지도 이 운동에 모여들었습니다. 가톨릭 신부와 수녀, 유대교 랍비 같은 종교인들과 기업인들을 비롯해 각계각층의 시민들이 반전운동에 합류했던 것입니다.

'조직화', '끈질긴 투쟁', '도덕적 열정', '헌신', 이런 것들이 세상의 강자들과는 다른 힘을 만들어내는 요소입니다.

선생님께서는 지금까지 15세기부터 21세기에 이르는 역사를 쭉 말씀해주셨는데 이렇게 살펴보고 나서도, 이 나라의 미래에 낙관적인 입장이신가요?

_____ 과거를 기반으로 미국이 영광스러운 미래를 누리게 될 것을 확신한다고 말한다면 저는 현실에 대해 순진한 사람이 되

고 말겠지요.

그럼에도 불구하고, 미래는 열려 있습니다. 저는 제가 낙관적이라거나 비관적이라고 말하지 않습니다. 굳이 말해야 한다면 저는 조심스러운 마음을 가지고 희망을 품는다고 하겠습니다. 그건 사람들이 어떻게 행동하는가, 얼마나 신속하고 진지하게 자신들의 삶을 변화시키기 위해 조직화에 나서겠는가에 달려 있다고 봅니다. 하지만 저는 사람들이 가진 근본적인 고결함, 품위에 대한 믿음이 있기에 낙관적인 쪽으로 더 기운다고 하겠습니다.

사람들은 본래 전쟁을 원한다고 보지 않습니다. 태어나면서부터 인종차별주의자는 없습니다. 인간은 본질적으로 고결한 존재이나 권력을 가진 자들이 그 고결함을 비틀고 왜곡시키는 것입니다. 이들은 이런저런 구실을 붙여 사람들을 전쟁에 참전하게 하거나 자유시장 자본주의가 인간이 고안한 제도 가운데 최선이라는 식으로 그 생각을 유도합니다. 그러면서 인간이 본질적으로 가지고 있는 고결함이 도리어 손상되고 마는 것이지요.

진실이 힘을 얻을 때까지 비록 시간은 걸리겠지만, 진실이 드러나는 속도가 느려 단지 긴 시간이 요구될 뿐입니다. 진실은 그 자체로 힘을 가지고 있는 것입니다.

그 힘은 점점 더 결정적 위력을 발휘해갈 것입니다. 저는 언젠가는 보다 많은 사람들이 전쟁에 반대하는 생각을 가질 날이 반드시 올 것이라고 희망적으로 내다보고 있습니다. 그때가 오면 사람들은 마침내 이렇게 말하게 될 것입니다. "우리는 더는 전쟁에 나갈 수 없다. 전쟁은 우리에게 그 어떤 선한 것도 주지 못했다."

이 세상 어디에나 지금과는 다른 세상을 꿈꾸는 이들이 있게 마련입니다. 이들은 그의 이웃과 하나가 되기를 원합니다. 다른 나라에 살고 있는 사람들도 자신과 마찬가지로 인간이라는 것을 존중하며 이 세상에서 그 누군가가 고통을 겪고 있으면 그를 도울 책임이 있다고 여깁니다.

저는 바로 이 인류애적 공감의 힘이 인간의 본성에 있다고 믿습니다. 그리고 바로 이 힘이 우리를 난관을 뚫고 희망의 미래로 이끌어주리라 확신합니다.

9·11 98, 100
AIM ⇨ 아메리카 원주민 운동

**가**

가리발디, 주세페 159
가브리엘의 반란 109
가비, 마르쿠스 152
가쓰라–태프트 밀약 20, 32
간첩처벌법 179
개리슨, 윌리엄 로이드 42, 111, 115
경제공황 187, 198
계절노동자 235
골드만, 엠마 155~159, 164, 187
곰퍼스, 새뮤얼 152
공공사업진흥국 196, 197
그랜팰룬(granfaloon) 177
금본위제도 137, 139
금주법 190

**나**

나이아가라 운동 171
남북전쟁 52, 86, 104, 109, 111,
   113, 114, 116, 118~125, 127,
   128, 130~133, 141, 150, 155,
   170, 212, 231
냇 터너의 반란 109, 110
노동기사단 142
노리에가, 마누엘 210
『노스 스타(North Star)』 111
노예 재산 제도 46
눈물의 길 51, 52, 231
뉴딜 정책 193, 194, 196, 197, 217

**다**

닷지 혁명 노조 운동 221, 222
대로, 클래런스 164
더글러스, 프레더릭 41, 111, 114,
   115, 129

데 라스 카사스, 바르톨로메 45, 47, 55, 218

데브스, 유진 144, 164, 179

데이, 도러시 36, 38

도금 시대 150

도망노예법 42, 114

도스, 헨리 53, 54

도스법 53

독립전쟁 50, 59, 60, 63, 64, 68, 70, 218 ⇨ 미국독립전쟁

듀보이스, W. E. B. 122, 171, 172

드럼(DRUM) 운동 221, 223 ⇨ 닷지 혁명 노조 운동


**라**

라가디아, 피오렐로 188

라티노 운동 234, 235

런던, 잭 164

로빈슨, 해리엇 105

루드로 학살 148

루스벨트, 시어도어 20, 28, 31, 32, 36, 146, 167

루스벨트, 엘리너 194, 195

루스벨트, 프랭클린 192~195, 200, 201, 207, 208

루이스, 존 152

『리버레이터(*Liberator*)』 42, 111, 115

리틀빅혼 전투 52

링컨, 에이브러햄 41, 71, 91, 127


**마**

마더 존스 145~147, 164

마르케스, 가브리엘 가르시아 183

마르티, 호세 159

마셜, 조지 207

마셜플랜 207

매더, 코튼 48, 94

매디슨, 제임스 65

명백한 운명 19, 87~89, 93, 165, 177

모지스, 밥 65

몰리 맥과이어스 147

『미국 노예, 프레드릭 더글러스의 삶에 관한 이야기』 41

『미국 민중사』 7, 9, 17~19, 22,

26, 32, 57, 87, 130, 136, 187, 239
미국노동연맹 143, 149, 220, 221
미국독립전쟁 40, 49, 61, 137, 160, 209, 223
미국-스페인 전쟁 36, 164, 165, 167, 170, 215
미국육군미주학교 230
『미국의 다른 얼굴』 189
미국자동차노동조합 222
민권운동 8, 35, 109, 133, 171, 175, 220, 232, 238, 244

**바**

『백년 동안의 고독』 184
백인의 짐 28, 29
밴 뷰런, 마틴 51
버니것, 커트 177
버크먼, 알렉산더 158, 159
버펄로 빌 52
벙커힐 전투 68
베이컨의 봉기 56, 58~61, 73
베트남 전쟁 31, 129, 167, 223,

234, 226~228, 245
베트남 전쟁 반대 운동 225, 237, 238
베트남 증후군 228, 229
보너스 아미 191, 192
보너스 행진대 190, 191
보스턴 티 파티 사건 68
불법체류자 ⇨ 서류 미비 이주자
블랙 파워 222

**사**

산업별노동조합 220
샌드크리크 학살 53, 84
샌파트리시오 부대 92, 93
서류 미비 이주자 235, 236
서반구안전보장협력연구소 230
선한 전쟁(Good War) 199, 205, 209~211
『"선한 전쟁": 제2차 세계대전 구술사』 209
성소수자 18, 232~234
세계산업노동자연맹 149, 151, 152, 162, 179

세네카폴스 회의 108
셰이즈의 반란 62~64, 66, 73, 218
소로, 헨리 데이비드 89, 90
수정헌법 제13조 44, 71, 122, 131, 133
수정헌법 제14조 71, 122, 126, 131, 133, 243
수정헌법 제15조 17, 122, 126, 131, 133, 243
수정헌법 제19조 108
스피스, 아우구스트 152, 153, 155, 160

**아**

아메리카 원주민 운동 231
아메리카반(反)제국주의연합 36
아옌데, 살바도르 229
아파르트헤이트 206
『아프리카 출신 올라우다 에퀴아노의 흥미로운 삶, 그 이야기』 43, 44
알카에다 98, 100
액트 업(AIDS Coalition to Unleash Power) 232
언더그라운드 레일로드 41, 113, 114
에퀴아노, 올라우다 39, 40, 43
오설리번, 존 L. 87, 88
외국인 규제법과 선동 금지법 160
「우리는 이기리라」 244
운디드니 학살 사건 85, 232
워싱턴, 조지 59, 61, 62, 64, 68
원주민 이주법 51, 231
원주민의 날 27, 33
윌슨, 우드로 149, 150, 168, 169, 178
은본위제도 137~139
의료보험제도 214, 216, 217
인민당 135~140
인민주의 운동 134, 135, 139 ⇨ 포퓰리즘
『인육제(人肉祭)』 117
인종청소 51, 165
인지법(印紙法) 68
일반 토지 할당법 ⇨ 도스법
일본인 수용소 감금 사건 199~202

## 자

재건 시대 127, 128, 134, 150, 212

잭슨, 앤드루 51, 52, 76~80, 231

잭슨, 헬렌 헌트 86

전미노예반대협회 42

전미유색인지위향상협회 151, 152, 172

전미철도노조 143, 144

전쟁에 반대하는 베트남 재향군인회 225

제1차 세계대전 35, 36, 144, 159, 178, 179, 182~184, 190, 191, 206, 212, 219

제2의 재건 시대 133

제2차 세계대전 8, 19, 22, 100, 196, 197, 199~201, 204~212, 219, 220

제이, 존 65

존스, 메리 G. 해리스 ⇨ 마더 존스

존슨, 린든 B. 244

중국인 배척법 200

직접행동 42, 70, 71, 139, 157

진보 시대 149~151

## 차

차베스, 세자르 235

청년아일랜드당 159

체임벌린, 네빌 211

## 카

켈러, 헬렌 35, 164, 219

코디, 윌리엄 프레드릭 ⇨ 버펄로 빌

콜럼버스, 크리스토퍼 17, 26~30, 32, 33, 44, 47, 55, 73, 183

킹, 마틴 루터 20, 21, 42, 75, 76, 89

## 타

터너, 프레드릭 잭슨 85

터브먼, 해리엇 41, 113, 114

터클, 스터즈 209

털사의 폭동과 인종학살 182, 183, 219

테쿰세 81, 82

트로츠키, 레온 159
트웨인, 마크 36, 150
틸든, 새뮤얼 127, 160

## 파

파슨스, 앨버트 154, 155, 160
파크스, 로자 34
『페더럴리스트 페이퍼』 64~66
펜실베이니아 전선(戰線) 61
포도 수확 거부 파업 운동 235, 236
포드, 헨리 37, 107
포퓰리즘 134~136, 139, 142 ⇨
　인민주의 운동
풀먼 팰리스 자동차 파업 143
피츠휴, 조지 117
피쿼트족 학살 사건 48, 73
필립스, 웬들 41, 115

## 하

『한 세기의 불명예』 86
해링턴, 마이클 189
해머, 패니 루 35
해밀턴, 알렉산더 65
해방노예국 124, 125, 129, 131
헤이마켓 노동 투쟁 149, 150,
　152~156, 160
호찌민 210
후버, 에드거 159
후버, 허버트 192
후세인, 사담 210
『흑인들의 배반』 150
히로시마와 나가사키 원폭 투하 202,
　204
히틀러, 아돌프 201, 204~207,
　210, 211
힐, 조 152

# 서사를 바꿔라
하워드 진의 마지막 인터뷰

지은이　하워드 진 · 레이 수아레스
옮긴이　김민웅
펴낸이　윤양미
펴낸곳　도서출판 산처럼

등　록　2002년 1월 10일 제1-2979
주　소　서울시 종로구 사직로8길 34 경희궁의 아침 3단지 오피스텔 412호
전　화　02-725-7414
팩　스　02-725-7404
E-mail　sanbooks@hanmail.net
홈페이지　www.sanbooks.com

제1판 제1쇄 2023년 12월 1일

값 16,800원

ISBN 979-11-91400-12-0　03940